...

DIETER MÜLLER

SKIZZEN – KLÄRUNGEN – POLEMIKEN

TEIL I

Hesekiel 36,1 – 14

„*Über mir war SEINE Hand, im Geistbraus entführte mich ER, ließ mich nieder inmitten der Ebne, die war voller Gebeine.*
Er trieb mich rings, rings an ihnen vorbei, da, ihrer waren sehr viele hin über die Fläche der Ebne, und da, sehr verdorrt waren sie.

Er aber sprach zu mir: Menschensohn, werden diese Gebeine leben? Ich sprach: Mein Herr, DU, du selber weißt. Er aber sprach zu mir: Künde über diese Gebeine, sprich zu ihnen:
Ihr verdorrten Gebeine, höret SEINE Rede! so hat mein Herr, ER, gesprochen zu diesen Gebeinen: Da, Geistbraus lasse ich kommen in euch, und ihr lebt. Ich gebe über euch Sehnen, ich lasse Fleisch euch überziehn, ich überspanne euch mit Haut, Geistbraus gebe ich in euch, und ihr lebt und erkennt, daß ICH es bin.

Ich kündete, wie mir war geboten. Als ich gekündet hatte, geschah ein Rauschen, und da, ein Schüttern, die Gebeine rückten zusammen, Gebein zu seinem Gebein. Ich sah, da waren über ihnen Sehnen, Fleisch überzog sie, Haut überspannte sie obendrauf, doch kein Geistbraus war in ihnen.
Er aber sprach zu mir: Künde auf den Geistbraus zu, künde, Menschensohn, sprich zum Geistbraus: So hat mein Herr, ER, gesprochen: Von den vier Brausewinden, Geistbraus, komm, wehe diese Erwürgten an, daß sie leben!
Ich kündete, wie er mir geboten hatte. Der Geistbraus kam in sie ein, sie lebten. Sie standen auf ihren Füßen, ein sehr sehr großes Heer.

Er aber sprach zu mir: Menschensohn, diese Gebeine, die sind alles Haus Jissrael. Da sprechen sie: Verdorrt sind unsere Gebeine, geschwunden unsere Hoffnung, losgeschnitten sind wir! Darum künde, sprich zu ihnen: So hat mein Herr, ER, gesprochen: Da, ich öffne eure Gräber, ich

ii

ziehe euch aus euren Gräbern, mein Volk, ich lasse euch kommen zu dem Boden Jissraels. Dann werdet ihr erkennen, daß ICH es bin. Wann ich öffne eure Gräber, wann ich euch ziehe aus euren Gräbern, mein Volk, gebe in euch meinen Geistbraus, daß ihr lebet, lasse euch nieder auf eurem Boden, dann werdet ihr erkennen, daß ICH es bin, ders redet, ders tut. SEIN Erlauten ists."[1]

Bibliografische Information der Deutschen Nationalbibliothek:
Die Deutsche Nationalbibliothek verzeichnet diese Publikation in
der Deutschen Nationalbibliografie; detaillierte bibliografische Daten sind im Internet über dnb.dnb.de abrufbar.

© 2018 Dieter Müller
Herstellung und Verlag: BoD – Books on Demand, Norderstedt
ISBN : 9783748167297

THEOLOGISCH-GEISTLICHE SKIZZEN
POLEMIKEN UND KLÄRUNGEN
TEIL I

VERDUNSTETER GLAUBE
AUSGEBRANNTE KIRCHE
ABER JESUS IST AUFERSTANDEN

Dieter Müller

Vorwort

Ich habe dies Büchlein „Skizzen, Polemiken und Klärungen" genannt. Skizzen reißen ein Thema an und laden ein zum Weiterdenken.
Polemiken sind im ursprünglichen Sinn notwendige Streitbeiträge,
wenn die Wahrheit verscherbelt wird. Und die Wahrheit ist unter dem
schmeichelnden Lockruf der „Diktatur des Relativismus"[2] nicht nur
in den westlichen Gesellschaften, sondern auch – und das ist tödlich
– im Mainstream-Protestantismus weithin verloren. Die Kirchen sind
in Europa ausgebrannt. Es glimmen mancherorts zwar noch Feuer.
Die Frage ist, ob Gottes Geist bereit ist, diese glimmende Glut neu
anzufachen. Wird Gott Auswege bieten? Auf alle Fälle: Jesus ist
auferstanden! Klärungen dienen notwendigen Unterscheidungen und
Trennungen. Wo Gottes Geist in der Geschichte Glaubende anfeuerte,
waren Klärungen stets die Konsequenz.

Kirche lebt inzwischen 2000 Jahre als Gemeinschaft von Sündern
und geistlichen Versagern unter der Übermacht der Gnade Jesu Christi,
der sein Leben sühnend am Kreuz von Golgatha uns Sündern schenkte
und in seiner Auferstehung erlösend den Gotteshimmel ewiger Freiheit
öffnete – vollendet freilich erst jenseits des Todes. Das ist verheißen, das
gilt jedem bedingungslos, der Jesus Christus glaubt – wie entsetzlich
auch immer die Sünde herrschte. Jesus ist heilig wie Gott, war aber
nie ethischer Rigorist im Dienste utopischer Weltverbesserung. Er war
Sünde sühnendes „Opferlamm".

Immer wieder schuf Gott durch die Macht seines Geistes Staunen
erweckende Heilige – jeder ein „Beweis des Geistes und der Kraft",
den Lessing forderte. Heilige sind nie Renommiermodelle menschlicher

Humanitas. Immer und ausschließlich sind diese geistvollen Menschen Kreationen der liebenden Allmacht Gottes, ihr Auftrag, den Lobpreis der Güte Gottes zu provozieren, in dem der Mensch die wahre Freiheit erfährt. Sie demonstrieren, daß Jesus lebt und seine Leben verwandelnde Macht in Menschen verifiziert.

Der „Heilige", die „Heilige" des „aufgeklärten" modernen Protestantismus ist sehr anders zugeschnitten. Zugespitzt könnte man sagen: Ihm ist Gott verdunstet, er lebt nicht selten eine „Theologie des Zweifels" und darum übernimmt er verzweifelt das Befreiungswerk Gottes in die eigenen Hände. „Christus hat keine Hände, nur unsere Hände, um seine Arbeit heute zu tun. Er hat keine Füße …", hieß es im beliebten Gebet jener Nonne aus dem Mittelalter, aber das, was im 14. Jh. gelebte Liebe zu Christus, dem lebenden Sohn Gottes, bezeugte, gewinnt in der Moderne schier unaufhaltsam ein atheistisches, nicht selten hypermoralisches und darin abgründiges Gefälle.

Der „Heiligenkult" um Dorothee Sölle oder dementsprechend eine „lutherische" Bischöfin wie Bärbel Wartenberg-Potter symbolisieren schreiend für den, der hört, die „aufgeklärte" Perversion von Kirche, die befreienden Glauben durch zeitgeistkonforme Menschenrechtsethik ersetzt. Wie anders die glaubende Heiligkeit, die sich geistvoll authentisch in Glaubenden wie Blandina oder Ansgar oder Ludwig Nommensen oder Oskar Brüsewitz verkörperte! Diese Sicht fordert um Gottes und der Menschen willen den streitbaren Widerstand aller Christusliebhaber heraus, die die Macht der Sünde individuell und geschichtlich kollektiv erfahren haben und nach Erlösung schreien. Diese Erlösung ist exklusiv in der Liebe Christi verwurzelt, der sich ans Kreuz gab und vorher den stinkenden, verwesenden wirklich toten Leib des Lazarus neu ins Leben rief. Bei Gott ist kein Ding unmöglich. Aber glauben wir dies?

Am heftigsten tobt gegenwärtig in Kirche und Gesellschaft der Kampf um Gottes Ikone, den Menschen, wo Ehe, Familie und Sexualität definiert und gelebt werden. Der Marxismus, der in der Familie den Wurzelgrund für den autoritären Charakter, die Ehe als Zwangsanstalt und beide als wirkmächtiges Hemmnis auf dem Weg zur egalitären Gesellschaft sah, mußte zwar ökonomisch bankrott anmelden, sein gottloses Menschenbild hat sich weithin durchgesetzt, besonders verhängnisvoll im Mainstream-Protestantismus. Die Gender-Ideologie ist Teil eines linken Menschenbildes, in dem der Mensch wahnhaft denaturalisiert freigegeben wird zu schier beliebigen Identitäts-Konstruktionen mit denen die verzweifelte Hoffnung verbunden ist, ohne Gott Schmerz und Leid aus der Welt zu treiben.

Ich habe hier eine Reihe von Beiträgen zusammengestellt, von denen viele im Laufe der Jahre im Blatt der „Kirchlichen Sammlung" erschienen sind. Bei dieser Zusammenstellung war es mir aus Zeit- und Kraftgründen nicht möglich, Wiederholungen zu vermeiden. Das halte ich indes nicht für einen Nachteil, denn das Wiederholen unterstreicht das Gewicht der zu klärenden Fragen. Durch die vielen Anmerkungen vor allem im Beitrag „Familie, Ehe und andere Lebensformen" muß sich nicht jeder Leser hindurch wühlen. Sie dienen der weiterführenden Begründung, dem wissenschaftlichen Disput und der theologischen Klärung in vernebelter Situation.

Dieter Müller

INHALTSVERZEICHNIS

1 **Gottes Provokationen:**
   Leben im Kraftfeld des Heiligen Geistes   **1**
   Eine Handvoll Theologie für Christen und andere Neu-
   gierige   1

2 **Heilige und Zeugen: Christen in der Kraft des heiligen**
   Geistes   **13**
   Heilige – die Verdrängten der Kirchengeschichte   13
      Heiligkeit entsteht im Hunger   13
      Heilige ziehen den Himmel auf die Erde   14
      Die dumpfe Diffamierung der Christen in Europa .   14
      Die Macht der Vorbilder   16
      Das Flammenzeichen der IS-Jünger   16
      Heilige als Gottes Kontrast-Entwurf   17
   Kennen Sie Blandina?   18
   Ansgar, Erzbischof von Hamburg (801–865)   24
   Zum Beispiel: Ludwig Ingwer Nommensen   29
   Verrückt? Fanal? Ein Pastor wird zum Skandal   36

3 **Fälschungen**   **43**
   „Laßt euch nicht durch mancherlei fremde Lehren ver-
   führen...“   43
   Dorothee Sölle und der verräterische Applaus   48
   Bärbel Wartenberg-Potter   51
   Der „neue Mensch“ der Gender-Ideologie   58
      Menschenmacher gegen Gottes Natur   62

Sexualität: Jenseits aller Kriterien 64
Postmodern: Anything goes 66
Totalitär: Die Tentakeln des Gender-Mainstreaming   67

4   Warum ich nicht konvertiere   71
Dominus Jesus oder die protestantische Profillosigkeit . . 72
Solus Christus in Welt und Gottesdienst 73
Sakrament oder säkularisierte Ehe 74
Roms Ethik des Lebens 75
Der real existierende Protestantismus ohne Mitte 75
Die demokratische Pervertierung 76
Warum nicht konvertieren? 77
Bekenntnis-Ökumene in Christus 78

5   Gottes leibhaftige Liebe   81
Adam + Eva = der Mensch Gottes 81
Der Streit um Fundamente und Ziele 84
Familie, Ehe und andere Lebensformen 96

6   Anmerkungen und Nachweise   121
Nachweise 143
Bildnachweise 143
Erstveröffentlichungen 144

1 GOTTES PROVOKATIONEN:
LEBEN IM KRAFTFELD DES HEILIGEN GEISTES

Eine Handvoll Theologie für Christen und andere Neugierige

Der Heilige Geist Gentleman und Brandstifter

Den Heiligen Geist erfahren Menschen in seinen Wirkungen. Er ist das vollkommene Gegenteil von Narzißmus, der sich selbst bespiegelt und genießt, was er ist. Heiliger Geist ist die Kraft, mit der Gott fähig ist, sich an die Menschen zu verschenken. Hingegeben schafft Gott Leben. Im Geist wirkt die kraftvoll bergende, warmherzig Raum gebende Sensibilität des Vaters, der Liebe in Person ist. Im Geist trifft der Mensch aber auch auf die heilige Allmacht Gottes, die Grenzen zieht und dem Sünder am Ende keinen Lebensraum jenseits des Kreuzes läßt:

Ananias und Sapphira mußten „dran glauben", weil sie nicht wahrnahmen, daß Gottes Geist heilig ist.[3] „Wer mir nahe ist, der ist dem Feuer nahe", heißt es in einem Jesuswort, das zwar nicht in die biblischen Evangelien aufgenommen wurde, aber vielleicht doch aus dem Munde Jesu kommt.

Geist-Szene 1: König Saul - von Gott verworfen - haßerfüllt - angstbesessen - auf der mörderischen Jagd nach seinem designierten Nachfolger. Unterwegs legt ihn der Heilige Geist souverän lahm. Für 24 Stunden zieht er ihn aus dem Verkehr, legt ihn buchstäblich auf den Rücken und verschafft ihm damit Zeit zur Besinnung.[4]

Dreierlei ist bemerkenswert:
Gottes Geist wirkt unwiderstehlich mächtig. Wenn er will, hält er den Menschen in der Allmacht Gottes gefangen. Gottes Geist nimmt keine Rücksicht auf Imageverluste: Der gefürchtete König wird nackt in den Staub gelegt und dem Spott preisgegeben: „Ist Saul auch unter den Propheten?" Gottes Geist verwandelt Menschen nicht in Marionetten: Nach der Besinnungspause kann Saul dem Haß weiter Raum geben oder umkehren. Diese Geist-Erfahrung – unwiderstehlich, fast gewalttätig – ist oft solchen Menschen unheimlich, die in westlichen Bildungstraditionen leben. Sie paßt nicht zum gewohnten bürgerlich-geistlichen Ambiente. Dort hat alles seine Ordnung, und vieles scheint kalkulierbar. Ein bekannter Neutestamentler nannte die urchristliche Geist-Erfahrung „Hochspannungsreligion". Kranke werden gegen alle medizinische Wahrscheinlichkeit gesund. Dämonischer Geist weicht, und es stinkt und lärmt zum Erbarmen. Menschen haben Visionen und Worte, die mit unheimlicher Präzision vernebelte Situationen durchleuchten. Das hier geforderte Gottvertrauen und der Verzicht, Gottes Geist menschlicher Kontrolle zu unterwerfen, sind zweifellos mit erheblichen Risiken verbunden. Der Mensch gerät aus dem Tritt und verliert sich aus dem Griff. Sich dieser Art Geist-Erfahrung ausliefern, erscheint wie ein Sprung vom 10-Meter-Turm ohne Garantie, daß im Schwimmbassin Wasser ist: Wo komme ich hin? Darüber hinaus: Wo Gottes Geist die Regie ergreift, versucht auch dämonischer Geist seine Shows zu etablieren. Da werden schließlich auch Imitate in Massen auf den spirituellen Markt geworfen. Menschen produzieren sie in ihrer religiösen Leistungsfähigkeit. Wie will man unterscheiden? Nicht einmal die „Geistliche Gemeinde-Erneuerung" kann in jedem Fall charismatische Unbedenklichkeits-Zertifikate ausstellen. Eines allerdings ist sicher: Der Heilige Geist wirkt nie im Widerspruch zum biblischen Wort Gottes, das der dreieinige

Gott gesprochen hat. Diesem Maßstab ist jeder Charismatiker unterworfen.

Geist-Szene 2: Elia am Horeb – eben noch triumphierender Sieger über alle Gottlosigkeit, fast unmittelbar darauf am Ende seiner geistlichen Kraft depressiv klagend auf der Flucht – und Gott begegnet ihm nicht in der überwältigenden Macht des Geistes, sondern im „stillen sanften Sausen" (Luther), „in der Stimme verschwebenden Schweigens" (Buber)[5]. Gott gestattet ihm die erholsame Regression in den Mutterleib des Geistes, bevor er ihn mit der Härte neuer Aufträge progressiv und frisch in den Dienst schickt.

Den Heiligen Geist können wir auch einen Gentleman nennen. Das ist die zweite typische Gestalt der Geist-Erfahrung: Gottes Geist geht mit den Menschen höflich und diszipliniert um. Er ist sensibel und manipuliert oder vergewaltigt nicht. Verletzen wir ihn, so zieht er sich vornehm zurück.[6] In dieser Gestalt der Geist-Erfahrung verlieren Menschen sich kaum spektakulär aus der Hand. Sie sind es, die den Raum des Geistes ausmessen und einräumen: Menschen verändern sich in fast unmerklichen geistlichen Wachstumsprozessen. Sie gewinnen an Kraft und Ausstrahlung. Hier ist der Mensch hinsichtlich der Risikoabsicherung nicht auf Gedeih und Verderb dem Geist ausgeliefert, sondern kann das Geistrisiko minimieren, dies dann freilich häufig um den Preis zunehmender Geistlosigkeit. Auch im Raum dieser Geist-Erfahrung lebt der Christ nicht gefahrlos:

• Hat er eine harte Hornhaut auf seinen geistlichen Wahrnehmungsorganen, dann merkt er kaum noch, wie geistlos er lebt – vor allem, wenn er sein Leben im Schweiße seines Angesichts so einigermaßen im Griff hat.

• Menschen – Christen und Nichtchristen – haben den Heiligen

Geist in Europa so lange durch die Brille griechischer und westeuropäischer Philosophen gesehen, daß sie die geistgewirkten Äußerungen prallen, sinnlichen Lebens in Angst und Schrecken versetzen. Aber gerade auch in diesen zeigt sich Heiliger Geist lustvoll unter begeisterten, jubelnden Menschen, denn Gottes Geist, wie er in der Heiligen Schrift wirkt, ist kein auf deutschen Universitäten normierter Intellektueller, kein auf Sicherheit bedachter orthodoxer Kleinbürger. Abwehr, Festungsbau oder Spott sind die Folge der Angst. Und wieder zeigt sich, wie selektiv auch Liebhaber der Heiligen Schrift Gottes Wort lesen.

Der Heilige Geist wirkt also in der Regel in den zwei typischen Grundmustern: als „Brandstifter" und als „Gentleman". Jesus verwendet das Brandstifter-Bild ausdrücklich: „Ich bin gekommen, ein Feuer anzuzünden auf Erden; was wollte ich lieber, als daß es schon brennte!" (Lk 12,49).

Die Erfahrungs-Geschichte müden, gelähmten, vertrockneten Glaubens selbst unter denen, die „mit Ernst Christen sein wollen", zeigt unübersehbar, wie dringend wir den neugierigen Mut zu verantwortbaren Abenteuern „im Geist" brauchen. Die ersten Christen hatten ihn, und durch ihr Fleisch und Blut eroberte der Heilige Geist weite Teile des römischen Reiches für die rettende, heilende und befreiende Liebe Jesu. „Als der Herr die Gefangenen Zions befreite, da waren wir wie die Träumenden; da war unser Mund voll Lachen und unsere Zunge voll Lobpreis."

Die ursprünglichen Geist-Erfahrungen des Gottesvolkes sind erlebte Befreiungen; Rettung aus der Not. Der Heilige Geist macht Befreiungsgeschichte[7], und die ist immer auch politische Geschichte wie Sozialgeschichte. Befreiungsgeschichte ist aber auch Heilungs- und Exorzismusgeschichte. Hier bereichert der Geist Gottes die Christenheit zur Zeit durch die weltweiten charismatischen Aufbrüche. Der Heilige Geist setzt die Gebundenen frei, erfrischt die Müden, heilt die Kranken, und dies innen und außen, sozial und individuell. Er gestaltet ganzheitliche Therapien. Die Wiederentdeckung der Heilungscharismen und ihr im sozialen Gefüge der Gemeinde verantwortetes transrationales Wirken sind ein unverdientes, aber wunderbares Geschenk des Heiligen Geistes an die Christenheit. Zwar kann vor dem Jüngsten Tag Krankheit durchaus der Notnagel sein, an dem Gott das Rettungsseil für Menschen festknüpft, damit sie in ihrer Gottlosigkeit den Halt nicht ganz verlieren. Es ist zweifellos möglich, daß Krankheit das Schleifmaterial ist, mit dem Gott Christi Ebenbild aus der Rohgestalt des Menschen herauspoliert. Es ist sicher häufig ein ungeklärtes Rätsel, warum Menschen, auf die wir um unseret- und des Reiches Gottes willen nicht verzichten wollen, an ungeheilter Krankheit sterben. Aber seit Jesus den Heilungsauftrag im Zuge der hereinbrechenden Herrschaft der Liebe Gottes aufnahm und ihn an seine Jünger weiter gab, ist Glaube ohne Kampf gegen Krankheit und vorzeitigen Tod nicht auf der Höhe Jesu. Und stürmen Christen nicht exorzistisch die Zucht- und Freudenhäuser Satans, in denen Menschen um die Freiheit und die Freude Jesu Christi gebracht werden, so entlarvt dies die illusionäre Wirklichkeitssicht ebenso wie die Vollmachts- und Geistlosigkeit.

Zähsozial – unwiderstehlich – befreiend:
Wirkungen des Heiligen Geistes

Nach der trinitarischen Lehr-Überlieferung der Kirche ist Heiliger Geist in Person die Liebe, die den Vater mit dem Sohn verbindet. Sich schöpferisch mitzuteilen, entspricht Gottes Wesen. Darum hat Gott den Menschen auch in soziale Beziehungen hineingestellt. Diese sind zweifellos seit jener „Apfelgeschichte" in paradiesischen Zeiten gründlich beschädigt. Seit Pfingsten schafft der Heilige Geist die neue Gemeinschaft, die im Neuen Testament Familie Gottes oder noch intimer Leib Christi genannt wird.

Kellner-Schule für Geistbegabte

Erneuert der Heilige Geist Menschen, so präpariert er sie nie für den Showdown, in dem Menschen als Rivalen um den wärmeren oder helleren oder glänzenderen Platz an der Sonne des Lebens kämpfen. Er zieht Christen heraus aus der Wirklichkeit, die den Menschen zum Wolf des Menschen macht. Er nimmt Menschen das steinerne Herz und transplantiert ihnen Herzen aus Fleisch. Erst nach dieser Transplantation vermögen Menschen die satanisch deformierte Wirklichkeit im Geist Jesu konstruktiv und hilfreich zu heilen und zu erneuern. Nie verwandelt der Heilige Geist Menschen in spirituelle Machtträger, Gurus oder Magier, die imstande wären, sich selbst – koste es, was es wolle – durchzusetzen und auszustechen. Immer heilt er Menschen, um sie einzufügen in das Geflecht der in Christus liebevoll Verbundenen. Hier ist der Größte nicht der Herrscher, sondern der Diener. Charismatisch soll einer dem anderen Kellnerdienste leisten. Dem dienen die Gnadengaben. Die Reinigung der WCs in der Kraft des Heiligen Geistes könnte im Himmel mehr Freude auslösen als die Präzision, mit der ein charismatischer Prophet den Weg Gottes beschreibt[8]. Der Christ ist nicht der verwöhnte Gast im Haus seiner Brüder und Schwestern, sondern der Kellner[9], der im Gasthaus des Heiligen Geistes den anderen – Christen und Nichtchristen – die Freude der Liebe, die Kraft der Versöhnung und die Macht des Friedens schenkt, weil ihn die Liebe des Heiligen Geistes durchströmt und den schier unersättlichen Hunger nach Liebe gestillt hat.

Charismen sind soziale Gaben für den Dienst, nicht Startkapital für den Aufbau einer spirituellen Privatexistenz; sie kommen aus der Kraft des Heiligen Geistes, der nie verfügbar wird. Daher ist ein charismatischer Lebensstil immer Abenteuer, Risiko, nie abgesichert durch eine der vielfältigen Versicherungen, die religiöse Routine bietet. Das gilt indirekt auch für das glossolalische Beten, das „Zungenreden" oder Sprachengebet. Vornehmlich dient es der Regression, der erholsamen Intimität mit Gott, der seinen Kindern erlaubt, zu ihm Abba zu sagen. Hier erlebt der Christ sinnlich expressiv und wahrnehmbar die warmherzige Zuwendung Gottes, der einen tröstet, wie einen seine Mutter tröstet. Jesu zärtliche Anrede Gottes „Abba" schafft Raum, naiv wie ein Kind Gott in der geistlichen Kindersprache anzubeten oder zu klagen. In Sprachen betend und singend darf der sozial geformte, auf Leistung gedrillte Erwachsene Kind sein, und Kindern gehört das Himmelreich.[10]

Geist ohne Grenzen:
nicht geistliche Stammtische, nicht fromme Kirchturmspolitik

Das vornehmste Werk des Geistes ist der Bau von Gemeinschaften in Christus. Aber Heiliger Geist treibt keine Kirchturmspolitik, sondern er denkt und wirkt grenzüberschreitend universal. Er fühlt sich nur wohl, wo Menschen sich mitnehmen lassen auf diesen Weg, auf dem länder- und kulturübergreifend im Horizont der Gottesherrschaft Menschen gerettet und geheilt, erweckt und erneuert werden. Er flüchtet, wo an spirituellen Stammtischen Brüder und Schwestern – in geistlicher Routine erstarrt und im Gewohnten und Bekannten versteinert – sich ihrer theologischen Richtigkeiten versichern und der guten alten Zeiten gedenken oder sich nicht weniger geistlos in infantile charismatische Wolkenkuckucksheime retten, die der Geist selbst niemals bauen will. Der Heilige Geist fühlt grundsätzlich multikulturell, aber niemals multireligiös. Gottes Geist kann unendlich weiträumig und weltläufig sein, weil er mit äußerster Präzision auf Jesus Christus konzentriert lebt und wirkt. Er sucht die Wirklichkeit, und die heißt in der Bibel oft Fleisch, und dies sucht er überall und jederzeit, weil er es für Jesus Christus retten und auferwecken will.

Unglaublich: Der Geist sucht Fleisch

Der Geist Gottes hat eine vitale Leidenschaft: Er schafft Leben. Er erweckt das Tote, er nimmt sich des Vergänglichen und Sterblichen an. Sein Wirkraum ist nicht nur die – wie es vielen Menschen scheint – „vornehme" Vernunft, sondern vor allem das verwesliche Fleisch, also der hilflose Mensch in seiner Vergänglichkeit. Der Geist Gottes wird ausgegossen über alles Fleisch[11] – nicht nur das fromme. Aber er macht es fromm. Dabei ist er originell und kreativ. Wo er richtig loslegt, bürstet er häufig gegen den Strich, und das bereitet Schmerzen. Denn er zerbricht die vertrauten Bilder von Spiritualität – hüben und drüben: Die „Pfingstler" in Jerusalem aus der Apostelgeschichte wirkten unter den prüfenden von verfügbaren Frömmigkeitsmustern geprägten Blicken der Pharisäer nicht gerade fromm diszipliniert und wohlanständig, sondern wie alkoholisiert[12]. Andererseits: Wo sich der Geist Gottes freakiger, ausgeflippter Spontis bemächtigt, geraten diese „Typen" in seine disziplinierende Zucht. Er will durchaus schöpferische Selbstbeherrschung z.b. in Alkoholikern oder Workoholiks oder Karrieregeilen wachsen lassen (Gal 5,23) und kann Sauflust oder Habgier ebenso wie genital gelebte Homosexualität als Ausschlußbedingung für das Himmelreich nennen (1Kor 6,9f.), und er erspart ihnen nicht, Ordnung zu schaffen, innen und außen. Wo charismatische Christen sich nach den leuchtenden Gaben der Prophetie oder der Heilung sehnen, da bittet er sie vielleicht, sich der Reinigungsaufgaben oder der Kassenführung anzunehmen. Der Heilige Geist hat seine eigenen Strategien, Ziele und Präferenzen. Er wirkt, schafft und gestaltet wo, wie und wann er will. Sein Ziel ist nicht erwürgende Ordnung, sondern Kreativität freisetzender Friede (1.Kor 14,33), aber der gedeiht nicht im Chaos.

Umsturz: Die revolutionäre Kraft des Heiligen Geistes

Der Heilige Geist verändert alle hierarchischen Strukturen. Er ist der konsequente Gleichmacher, der alle auf eine Ebene, nämlich zum Kreuz, bringt, um dann vom Nullpunkt aus in der Auferweckungskraft christliche Originale zu schaffen. Er überströmt Männer und Frauen, Alte und Junge, Sklaven und Freie, Arme und Reiche, glänzende Intellektuelle und minderbegabte Debile. Dies verheißt der Prophet Joel, mit dem Petrus sofort in der ersten Pfingstpredigt die überwältigende Geist-Erfahrung deutet[13]. Der Apostel Paulus beschreibt in seinen Briefen zweimal die geistgewirkten Folgen von Taufe und Bekehrung auf der Linie dieser Bibel-Überlieferung[14]. Im Kraftfeld des Heiligen Geistes werden die kreatürlichen und sozialen Unterschiede außer Kraft gesetzt: Männer und Frauen, Arme und Reiche, Begabte und weniger Begabte – im Kraftfeld des Heiligen Geistes sind sie gleichwertig und gleichbedeutend. Der Geist Gottes schafft nicht charismatische Eliten. Jeder hat seinen Platz, seine Gabe, seinen Auftrag, und weil der Wert des Menschen nicht mehr von seiner Leistungsfähigkeit, sondern von der geschenkten Gnadenkraft des Heiligen Geistes her bestimmt wird, hat der Machtkampf um die ersten Plätze ein Ende, entsteht die Familie Gottes als Leib Christi.

Himmlisches Grundgesetz: Geben ist seliger als nehmen (Apg 20,35)

Im Kraftfeld des Heiligen Geistes leben Menschen auf allen Ebenen – auch der spirituellen – nicht mehr habsüchtig besitzbezogen, sondern hingegeben bedürfnisorientiert. Das zeigen die nach wie vor exemplarischen Szenen aus der Apostelgeschichte, die den urchristlichen „Liebeskommunismus" im Kraftfeld des Heiligen Geistes beschreiben[15]. Jesus hat die Armen selig gepriesen, vielleicht sogar die charismatisch Armen[16]. Die Bibel bezeugt durchweg, daß Gott den Schwachen gegen den Starken schützt, dem Armen gegen den Reichen hilft. Gott ist sozial nicht nur in seiner sensibel sprechenden und wirkenden Fähigkeit, unser Leben verläßlich zu teilen, er ist es auch im Raum harter sozialer Tatsachen: indem er für den Schwachen Partei ergreift, die Christen zum Teilen lockt, Lebensformen schafft, in denen die Menschen nicht mehr Besitz und Wohlstandsmaximierung in Kopf und Herz haben. In Gottes Gesellschaft nehmen Menschen Maß an der Apostelgeschichte, und das nicht nur, was die Taufe im Heiligen Geist angeht, oder das glossolalische Beten, sondern auch hinsichtlich der Umgestaltung sozialer Wirklichkeit.

Multikulturell, aber nicht multireligiös

Pfingsten öffnet der Geist die Grenzlinien der Anbetung zwischen Gottes Volk und den Völkern. Er läßt proklamieren, daß alle Völker eingeladen sind, die Herrlichkeit Gottes anzubeten. Sie sollen teilhaben an der jubelnden Freude der Erlösten, deren Fundament das Kreuz Jesu ist und deren Macht und Weite die Auferweckung Jesu entfaltet. Anbetung ist seitdem nicht mehr das Privileg einer auserwählten Minderheit, jetzt wird jeder Mensch zum Fest geladen. Und die getauften Anbeter werden Söhne und Töchter Gottes[17]. Auch hier öffnete die Joel-Verheißung zu Pfingsten den weiten Raum hinein in eine dynamische, die Welt für Gottes Liebe erobernde Evangelisationsoffensive: „Wer den Namen des Herrn anruft, wird gerettet werden." Gemeinde ist der Brückenkopf der Herrschaft Gottes, von der aus der Heilige Geist den Eroberungsfeldzug der Liebe führt, die den Namen Jesu trägt und ihre unüberholbare Sprache in 1Kor 13 gefunden hat.

Brandgefahr: Liebe als charismatische Feuerversicherung

Zweifellos kann sich der Christ im Umgang mit dem Geist die Finger und mehr verbrennen. Ohne Frage gilt es, Heiligen Geist und dämonischen Geist zu unterscheiden. Wohl ist es nicht weniger wichtig, Imitationen, die der spirituellen Produktivkraft menschlicher Religiosität entstammen, von Geist-Erfahrungen zu unterscheiden. Paulus weist den Weg, der Maß nimmt an Jesus: Es ist radikale Liebe, die Jesus entspricht. Paulus stellt in die Mitte seiner Charismenkapitel das Hohe Lied der Liebe.[18] Damit schließt er – bis zum Jüngsten Tag – Geist-Erfahrung und Jesu Kreuz zusammen. Niemand kann in der Kraft des Heiligen Geistes leben, der nicht jeden Tag neu willig ist, in Jesu Leib hinein zu sterben. Es ist das Wesensmerkmal des Heiligen Geistes, das Tote lebendig zu machen. Spätestens seit Jesu Kreuz und Auferstehung sind die natürlichen Talente nicht mehr die Träger des Heiligen Geistes, es sei denn sie wären in Jesus hinein gestorben, denn Heiliger Geist ist der Geist Jesu und damit der Geist der hingegebenen Liebe. Wiedergeburt ist die notwendige Voraussetzung für Leben im Geist. Geist-Erfahrung lebt immer in der Konzentration auf Jesus, den Gekreuzigten. Das trennt sie radikal von Esoterik oder Schamanismus. Weil der Teufel bekanntlich mit Vorliebe im Detail sitzt, ist der Heilige Geist detailversessen. Hier nimmt er umsichtig und präzis den Machtkampf mit dämonischem Geist auf. Hier erneuert er sorgfältig und gewissenhaft die Schöpfung, die unter den destruktiven Folgen des Sündenfalls ächzt. Er erscheint zwar im Symbol der Taube, aber er ist kein Überflieger. Darum sind Sorgfalt und Präzision charismatische Qualitätsmerkmale, und ohne die Treue im Kleinen[19] verkommt auch Leben im Heiligen Geist schnell „zu viel Lärm um nichts".

2 Heilige und Zeugen: Christen in der Kraft des heiligen Geistes

„Das Lob Gottes, das die wunderbaren Taten seiner Heiligen bezeugen, dürfen wir nicht mit Schweigen übergehen."

Ansgar, Erzbischof von Hamburg

Heilige – die Verdrängten der Kirchengeschichte

Heiligkeit entsteht im Hunger

Juwelen des christlichen Glaubens sind die Heiligen. Sie haben wie Benedict von Nursia oder Franz von Assisi oder Theresa von Avila das Gesicht Europas geprägt, weil sie die Grenzen zum Himmel geradezu sichtbar aufbrachen. Heilige waren begeisternde Menschen, die von brennender Sehnsucht nach dem Himmel getrieben exemplarische Gotteserfahrungen gewannen und ausstrahlten. In ihnen verkörpert sich das Weihnachtsmysterium. Christliche Heilige zeigen: Nicht moralische Qualität ist der Ausweis von exemplarischer Heiligkeit, sondern die Radikalität des Hungers nach Gott, den Christus mit brennender Gotteserfahrung sättigt. Heilige waren nicht selten seltsame Käuze, wie Philipp Neri im 16. Jh., den Walter Nigg den Spaßvogel Gottes nannte. Aber es hungerte sie nach Gott. Dieser Hunger entsteht, wenn Gott den Glaubenden durch eine offenbar gezielte innere Berührung wachruft, um ihn aus der Alltäglichkeit heraus zu ziehen und sich in ihm zu verherrlichen.

Heilige ziehen den Himmel auf die Erde

Durch die hingegebene Radikalität ihres Beispiels lockt Christus Menschen auf den Weg zu seiner Nachfolge. Heilige ziehen den Himmel Christi auf die Erde. In ihnen verwandelt Christus sein Wort „Siehe, das Reich Gottes ist mitten unter euch" in Fleisch und Blut. In ihrem Strahlkreis wurde Leid zur Freude, weil der Himmel offen ist, und der Tod sein letztes Wort verloren hat. Radikal, nicht selten lustvoll, lebten sie den Kontrast zum Geist ihrer erdverfallenen Gesellschaften. An ihnen scheiden sich die Geister. Aber weil sie die Universalität Jesu Christi, des Weltretters leben, haben sie eine unbegrenzte Integrationsmacht. Die Heiligen waren nie nationale Heroen, Gott hat sie als Beispiele des Glaubens Europa zugedacht und über Europa hinaus missionarisch der Welt geschenkt. Sie waren Menschen im Machtbereich der Totenauferstehung, Söhne und Töchter des ewigen Lebens. Die Heiligen, die zum Kreativsten gehören, was in Europa gewachsen ist, sind bis auf wenige, meist verkitschte Restbestände wie der heilige Martin oder der heilige Nikolaus aus der Erinnerung getilgt. Dieser unermeßliche Verlust begann leider mit der Reformation und vollendete sich mit dem Projekt der europäischen Aufklärung, die zunehmend totaler auf technisch-wissenschaftliche Effizienz setzte und sich gegenüber den Mysterien Gottes einbetonierte. In moderner angebeteter Wissenschaft scheint reale Gotteserfahrung der größte anzunehmende intellektuelle Unfall zu sein.

Die dumpfe Diffamierung der Christen in Europa

Es gehört zum Kreuz der Christen, daß man an den Stammtischen des medial hervorragend agierenden Zeitgeistes leichtfertig ihre unendlich reiche, Europa umfassend kultivierende 2000jährige Geschichte auf die archivierte „Kriminalgeschichte" reduziert.

Die simple Formel „Christentum gleich Hexenverbrennung, Inquisition und Kreuzzüge" ist schlicht bösartige Indoktrination, die, obwohl leicht widerlegbar, ihre weitgestreute Wirksamkeit in den Hirnen betrogener Menschen entfaltet. Gerade Europa, das sich heute zu weiten Teilen tief verunsichert des christlichen Glaubens schämt und sich seiner liberalen „aufgeklärten" Säkularität rühmt, ist keine Erfindung demokratischer Nachkriegspolitiker, auch nicht der Aufklärung, seine Voraussetzungen wurden geschaffen in den Schreibstuben der Mönche Benedicts oder Cassiodors. Es sind die Heiligen, in denen Christus das geschändete Menschenbild vom Schmutz und den Deformationen der Sündengeschichte gereinigt neu strahlen läßt. Europas „Aufklärung", die in der Moderne dazu neigt, sich der Wissenschaft wie einer Religion zu verschreiben (C.F. von Weizsäcker), vermag die europäische Identität allein nicht zu tragen. Dieser Religionsersatz schafft zwar auf den ersten Blick beeindruckende Lebensverhältnisse und sättigt den Hunger des Menschen nach Brot, nicht aber nach Gott, weil seine Antworten auf die Frage nach dem Sinn angesichts des Todes allzu dürftig bleiben. Und der Mensch lebt nicht vom Brot allein. Wo Gott im Bewußtsein des Menschen stirbt, stellen sich Menschen fressende Götzen ein. Die jüngste Geschichte zeigt es wieder einmal unübersehbar. Und die Faszination, die von der geistigen Liberalität und technischen Effizienz aufgeklärter Gesellschaften im Apple-Look ausstrahlt, verliert im Alltag durch Gewöhnung mehr oder weniger schnell ihren Glanz. Ihr fehlt die vitale Kreativität, das Fest des Lebens zu inszenieren, ohne dessen Feier alles Leben des Menschen vertrocknet. Europa hat sich von seinen christlichen Wurzeln abgeschnitten und lebt lebensgefährlich geschichtsvergessen. Um Europas Zukunft willen müssen wir Christen uns der Heiligen unseres Glaubens erinnern. Und zwar so, daß wir nicht ihre historisch-kritisch präparierten Knochen betrachten, sondern narrativ die begeisternde Christuserfahrung weitergeben, die Gottes Geist leibhaftig in ihnen gestaltet hat.

Die Macht der Vorbilder

Die Zukunft Europas hängt davon ab, welchen Weg die Jugend Europas nimmt. Jugend braucht Vorbilder, Beispiele gelingenden Lebens. Vorbilder, die Kraft haben, Vielfalt zu integrieren und Identität zu stiften. Hilfreiche Vorbilder erschließen Kraftquellen zu sinnvollem Leben, das sich als Geschenk, nicht als Leistung erweist. Vorbilder sind legitime Autoritäten, wenn sie authentisch leben. Der unvergessene Essener Pfarrer Wilhelm Busch hat in seinen tiefgründigen „Plaudereien in seinem Studierzimmer" oder den „Gestalten des rheinisch-westfälischen Pietismus" kleine Beispiele gebende Sammlungen geheiligten evangelischen Lebens zusammengestellt. Jörg Erb hat in seinem vierbändigen Werk „Die Wolke der Zeugen" den Versuch unternommen, die verlorenen Urbilder des Christlichen Abendlandes wieder zu finden. Der Schweizer Kirchenhistoriker Walter Nigg ist in der säkularen Moderne ihr kongenial-provokanter Hagiograph geworden. Ihm gelingt es wie keinem anderen, das extraordinäre Leben heiliger Christen als radikale Provokation in gottvergessener Gegenwart zu erschließen.

Das Flammenzeichen der IS-Jünger

Es ist nicht zuletzt die den Himmel stürmende Sehnsucht nach dem Absoluten, die in der säkularisierten westlichen Welt junge Menschen zum Ausstieg und in den „Islamischen Staat" lockt. Und es sind nicht nur die Zukurz- oder Nichtangekommenen der westlichen Welt, die ihrem Leben einen im Ewigen verankerten Sinn geben wollen. Die Terroristen von 9/11, die ihr Leben opferten, um den „Götzentempel" in New York einzureißen und im

Märtyrertod den Himmel zu gewinnen, waren gut ausgebildete Akademiker aus der Mittelschicht mit hoffnungsvollen Karriere-Aussichten, keineswegs underdogs. Angeekelt von den Kathedralen und Bordellen dekadenter westdemokratischer Gottlosigkeit ließen sie sich hinreißen von einem dämonisierten Idealismus mit radikal pervertierten Zielen. Sie waren Gottsucher, die sich satanisch blenden ließen und einem Götzen auf den Leim gingen. Jede soziopsychologische Analyse, die ihren Ewigkeitshunger ausblendet, versteht nicht, was hier in und mit Menschen geschieht.

Heilige als Gottes Kontrast-Entwurf

Eine Jugend, die im gegenwärtigen, trotz Guido Knopp und seiner History geschichtsvergessenen Europa mit dem individualistischen Ziel aufwächst, sich abgelöst von der Tradition als „Ich-AG" zu installieren, braucht dringend gegenläufige Lebensentwürfe für das unverzichtbare Lernen am Kontrast. Nicht das wohltemperierte Mainstream-Christentum besitzt die Vitalität, gesellschaftliche Absolutheitsansprüche zu relativieren. Nicht aufgeklärte Säkularität mit ihren sozialpsychologischen Therapieansätzen wird auf Dauer dem dämonisierbaren Gotteshunger junger Menschen gewachsen sein, das können nur christliche Alternativen, nämlich die Heiligen, in denen Christus radikal und vital anschaulich wird. „Ein Christentum ohne Heilige und ohne Heiligenverehrung, ohne solch faszinierende Vorgänger/innen-Gestalten wäre arm und letztlich unglaubwürdig, weil ohne überzeugende Resonanz", stellte der Theologe Gotthard Fuchs zutreffend fest. Wohltemperierte, durch die Aufklärung gebändigte Religion ohne heißen Kern wird keine Zukunft haben. Glaube wächst immer aus dem heißen Kern. Und der ist Christus, der das Feuer immer neu durch den Heiligen Geist entfacht und dieses Feuer durch die Kette der Heiligen hindurch geradezu sichtbar am Leben hält. Es kennzeichnet die Schwäche der europäischen Christenheit, daß sie, um es mit Habermas zu sagen, religiös unmusikalisch geworden ist. Und das zeigt sich nirgends so deutlich wie im Vergessen der Heiligen.

Kennen Sie Blandina?

Ich habe sie die meiste Zeit meines Lebens nicht gekannt. Sie begegnete mir über eine Vorfahrin, die am Ende des 30jährigen Krieges im Jahre 1647 mitten in einer Trümmerwüste geboren wurde. Sie hieß Blandina. Der thüringische Pfarrer Johann Müller hatte die 28jährige Pfarrerstochter 1675 geheiratet. Beide lebten zunächst 4 Jahre lang arm wie Kirchenmäuse in einer Notunterkunft, weil die Gemeinde für den Hilfsgeistlichen nichts Besseres hatte. Nach 5 Ehejahren starb sie bereits und ließ drei Söhne zurück. Sie hatte ihre 33 Lebensjahre in elender Zeit nach dem entsetzlichen Krieg verbracht. Es war eine Leidensgeschichte.

Blandina, dieser mir fremde Name weckte meine Neugier und brachte mich auf die Spur der heiligen Blandina, ihrer Namenspatronin. Die Kirche gedenkt ihrer am 2. Juni. Dieser Sklavin aus Lyon hat der Geschichtsschreiber Eusebius von Cäsarea, der etwa von 260 bis 340 lebte, ein beeindruckendes Denkmal gesetzt. Eusebius stand eine Sammlung alter Martyrien zur Verfügung, darunter der Brief der Christen aus Lyon und Vienna in Gallien, die ihren Gründergemeinden in Kleinasien über die entsetzliche Christenverfolgung unter Marc Aurel im Jahre 177 n. Chr. berichten. Eusebius hat diesen Bericht fast vollständig in seine Kirchengeschichte übernommen. Er hat ihn wahrscheinlich stilistisch und in den Metaphern überarbeitet, aber die Fakten, die der Brief beschreibt, sind im Kern grauenhafte historische

Wirklichkeit wie es das Kreuz von Golgatha war.

Regelmäßig im Sommer kam viel Volk aus ganz Gallien nach Lyon zum Fest der Roma und des Kaiserkults. Diese Feste begannen am 1. August. Nach alter gallischer Tradition gehörten zu solchen Festen auch Menschenopfer. Die Römer hatten diesen Brauch durch Gladiatorenkämpfe und Volksfest-Hinrichtungen ersetzt. In Lyon lebte eine dynamische Christengemeinde, der sich Vertreter der Oberschicht angeschlossen hatten, zu deren Gliedern aber auch Sklaven gehörten.

Während des Festes im Jahr 177 kam es zu einem Wutausbruch der Heiden gegen die Christen. Der Pöbel trieb eine Gruppe Christen auf dem Markt zusammen, wo man sie verhaftete und ins Gefängnis warf. Bei der Untersuchung, die der Statthalter selbst leitete, belasteten unter Druck gesetzte heidnische Sklaven ihre Besitzer mit den ungeheuerlichsten Verbrechen. Etwa 10 Christen schworen während des Prozesses dem Christusglauben ab, die übrigen, darunter die gesamte Gemeindeelite wurde zum Tode verurteilt und vorher entsetzlich gefoltert. Unter denen, deren Glaubens- und Leidensmut exemplarisch wurde, befand sich die Sklavin Blandina.

Ich zitiere aus dem Brief der Gemeinden:[20]

„Vor allem richtete sich die ganze Wut des Volkes, des Statthalters und der Soldaten gegen den Diakon Sanktus von Vienna, gegen Maturus, der zwar erst die Taufe empfangen hatte, aber sich als mutiger Kämpfer erwies, gegen Attalus von Pergamon, der ständig eine Säule und Stütze für die hiesigen Gemeinden war, und gegen Blandina, an welcher Christus zeigte, daß das, was den Menschen wertlos, gering und verächtlich erscheint, von Gott mit hohen Ehren ausgezeichnet wird, weil sich die Liebe zu Gott in Kraft offenbart und nicht in Eitelkeit prangt. Während wir alle fürchteten, und auch ihre irdische Gebieterin, die ebenfalls zu den kämpfenden Glaubenszeugen gehörte, in Sorge war, Blandina möchte wegen ihres zarten Körperbaues nicht die nötige Stärke aufbringen, ihren Glauben offen zu bekennen, wurde diese von solcher Kraft erfüllt, daß die, welche sie vom Morgen bis zum Abend nacheinander auf alle mögliche Weise marterten, müde wurden, erschlafften und sich offen, da ihre Mittel gegen sie aufgebraucht seien, für besiegt erklärten. Und sie wunderten sich, daß sie, obwohl ihr ganzer Körper zerschunden und zerfleischt war, noch am Leben geblieben, und bekannten, schon eine einzige Marter hätte sie um das Leben bringen können, geschweige denn so viele und so grausame Foltern. Doch die Heilige sammelte wie ein tüchtiger Kämpfer immer neue Kräfte aus ihrem Bekenntnis. Ihre Kräftigung, ihre Erholung und das schmerzstillende Mittel in ihren Leiden waren die Worte: ‚Ich bin eine Christin, und bei uns geschieht nichts Böses'".

Die Berichterstatter aus Lyon fahren fort: „(37) Maturus, Sanktus, Blandina und Attalus wurden den wilden Tieren im Amphitheater als öffentliches Schauspiel roher Heiden vorgeworfen; unseretwegen wurde nämlich ein außerordentlicher Tierkampf festgesetzt... Blandina wurde an einem Pfahle aufgehängt und sollte den auf sie losgelassenen wilden Tieren zur Speise dienen. Dadurch, daß die Angebundene in ihrem inbrünstigen Gebete die Kreuzesform zeigte, flößte sie den Kämpfern großen Mut ein; denn in ihrem Kampfe schauten sie so mit ihren fleischlichen Augen in der Schwester den, der für sie gekreuzigt worden war. Damit wollte sie die Gläubigen überzeugen, daß jeder, der um der Herrlichkeit Christi willen leidet, für immer in Gemeinschaft mit dem lebendigen Gott steht.... (42) Und da an diesem Tag keines der Tiere Blandina berührte, wurde sie von dem Holzpfahl losgebunden und wieder ins Gefängnis geworfen, um sie für einen neuen Kampf aufzubewahren.... Sie, die kleine, schwache und verachtete Person, die den großen und unbesiegbaren

Abbildung 2.1: Blandina von Lyon

Streiter Christus wie eine Rüstung angezogen hatte, sollte in vielen Waffengängen den Widersacher bezwingen und im Entscheidungskampf mit dem Kranz der Unsterblichkeit bekrönt werden ... (47) Da der Kaiser in seinem Reskript anordnete, die einen hinzurichten, die anderen jedoch freizulassen, wenn sie bereit wären, ihren Glauben abzuleugnen, ließ der Statthalter am Beginn des hiesigen Festes ... die Seligen mit theaterhaftem Prunk zum Richterstuhl führen, um die Massen zu beeindrucken. Dann verhörte er sie ein zweites Mal und ließ alle, die offensichtlich im Besitz des römischen Bürgerrechts waren, enthaupten, die übrigen aber schickte er in den Kampf mit den Tieren. (48) In großartiger Weise wurde Christus durch diejenigen verherrlicht, die vorher ihren Glauben verleugnet hatten, nun aber, ohne daß die Heiden damit gerechnet hatten, ein Bekenntnis ablegten. Sie waren nämlich gesondert verhört worden in der Absicht, sie freizulassen, doch legten sie ein Bekenntnis ab und reihten sich in die Schar der Märtyrer ein... (53) Schließlich, am letzten Tage der Kampfspiele, wurde Blandina noch einmal vorgeführt mit Pontikus, einem jungen Menschen von etwa 15 Jahren; täglich waren sie hereingebracht worden, damit sie die Martern der übrigen sähen. Man zwang sie nun, bei den Götzen zu schwören. Da sie aber standhaft blieben und die Götzen verachteten, wurde die Menge über sie erbittert, so daß sie weder mit der Jugend des Knaben Mitleid, noch vor dem weiblichen Geschlecht Ehrfurcht hatte. Man lieferte sie allen Schrecken aus und wandte gegen sie eine Folter nach der anderen an, um sie immer wieder zum Schwören zu veranlassen. Doch umsonst. Denn Pontikus, von der Schwester in einer Weise angespornt, daß auch die Heiden merkten, daß sie ihm Mut machte und Halt gab, gab im standhaften Ertragen aller Pein seinen Geist auf. Und nachdem die heilige Blandina als letzte von allen wie eine tüchtige Mutter ihre [geistigen] Kinder ermuntert und sie siegreich zum König vorausgeschickt hatte, mußte auch sie noch alle Kämpfe der

Kinder durchkosten, um dann froh und jubelnd über das Ende, zu ihnen zu eilen. Es war, als wenn sie nicht den wilden Tieren vorgeworfen, sondern zu einem Hochzeitsmahle geladen worden wäre. Nachdem sie gegeißelt, den wilden Tieren vorgeworfen und geröstet worden war, steckte man sie zuletzt in ein Netz und warf sie einem Stiere vor. Als sie vom Tiere wiederholt empor geschleudert worden war, wofür sie infolge ihrer unerschütterlichen Hoffnung auf das, was sie glaubte, und infolge ihrer Gemeinschaft mit Christus gar kein Empfinden mehr hatte, wurde auch sie getötet. Selbst die Heiden mußten zugeben, daß bei ihnen noch nie ein Weib so viele Qualen solcher Art erduldet hatte."

Christlicher Glaube unter den Bedingungen des Ersten Gebots mußte in den 2000 Jahren Glaubensgeschichte immer mit aggressiven Reaktionen rechnen. Niemand kann Christ sein, der nicht bereit ist, Spannungen zur Gesellschaft auszuhalten. Christus hat uns nie eine Wellness-Religion verheißen. Zeugen, die für ihren Glauben sterben mußten, gab es in jedem Jahrhundert. Nie jedoch waren es weltweit so viele wie in unserer global informierten Generation. Auch Blandina aus dem 2. Jahrhundert ist eine Herausforderung Jesu, der uns fragt: Was ist Dir der Himmel wert? Nicht das Kreuz ist das letzte, das letzte Wort hat der Auferweckte. Mitten in der grauenhaften Finsternis leuchtet das Licht: Christus ist das Licht. Blandina – so heißt es – hatte „infolge ihrer Gemeinschaft mit Christus gar kein Empfinden mehr" für die unsäglichen Schmerzen. Diese Erfahrung, in Christus geborgen – geradezu anästhesiert – zu sein bezeugen auch heutige Christen, die aus den Folterlagern zurückkamen.

Die großen Heiligen waren Menschen, die eine unbezwingbare Sehnsucht nach dem Unendlichen, dem Ewigen, der Wahrheit spürten – die Sehnsucht nach Gott. Diese Sehnsucht können nicht die tiefgreifendsten, nicht die weiträumigsten christlichen Denkgebäude stillen, auch nicht die gewissenhaft verrichtete Nächstenliebe-Arbeit am Menschen, nicht eine perfekt vollzogene festliche Liturgie. Das kann nur Gott. Und Gott trägt das Gesicht Christi: Wir sind in Christus, Christus ist in uns. Blandina hat das in einer Macht erlebt, die dem Tod überlegen war. Paul Schneider, der Prediger von Buchenwald auch; auch Dietrich Bonhoeffer, als er zum Galgen ging, und auch Christen in den Folterlagern Nordkoreas. Wir brauchen diese heiligen Exempel des Glaubens, die den Alltag aufreißen. Auf ihren Gesichtern erscheint uns Christus, der in den Heiligen lebt, Bei ihnen wird mehr erfahrbar als die eigene Klugheit oder Bildung, mehr als die faszinierende Ausstrahlung, die manchen Menschen eignet. Im Leben der heiligen Märtyrer begegnet uns Christus, der versprochen hat, immer bei uns zu sein, selbst im Sterben und danach.

Ansgar, Erzbischof von Hamburg (801–865)

Eintausend und zweihundert Jahre Ansgar-Gedenken sind auch 1200 Jahre Geschichte der Nordelbischen Kirche. In dieser Geschichte ringt der Glaube mit dem Unglauben, kämpft der Heilige Geist mit dem Geist der Welt, entstehen immer neu Oasen des Glaubens in der Wüste der Gottlosigkeit. Aus dieser Kirche kommen Beispiel gebende Christen wie Klaus Harms oder Hans Asmussen, die Zeugen Jesu Christi waren gegen den Geist der Zeit. In ihr wurde Johann Hinrich Wichern geboren. Er war der Gründer des Rauhen Hauses in Hamburg und der inspirierte und inspirierende Organisator der diakonischen Liebe Christi in Deutschland. In ihr gewann Gott die Männer der missionarischen Liebe zu den weltweit für Christus noch nicht Gewonnenen wie Ludwig Nommensen oder Christian Jensen. Nommensen, der Apostel der Batak auf Sumatra, gehört zu den erfolgreichsten Missionaren der christlichen Geschichte. Hundertausende hat Jesus

Christus durch ihn gewonnen. Christian Jensen gründete die Breklumer Mission, begeistert von Jesus, dem Retter der Verlorenen. Gott spricht sehr intensiv zu uns durch Menschen, in denen sich sein Wort verleiblicht.

Der charismatische Christ

Ansgar, der erste Erzbischof Hamburgs, tritt uns entgegen als ein von Jesus Christus besessener „Urchrist", faszinierter Visionär in der Vitalität des Heiligen Geistes, demütig-naiver Kirchenpolitiker mit besten Verbindungen zu Kaiser und Fürsten, begeisterter Missionar, dessen Lebenseinsatz andere ernteten, als hingegebener Bruder der Armen und Geistträger, durch den Gott Zeichen und Wunder wirkte. In ihm hat sich der Geist Jesu Christi ein exemplarisches Instrument der Liebe zu Gott und den Menschen geschaffen.

801 sehr wahrscheinlich, also vor 1200 Jahren, wurde Ansgar in der Picardie geboren. Mit 5 Jahren schon, nach dem Tod seiner Mutter, kam er in die Klosterschule Corbie. Sie war eine der Stätten karolingischer Bildung, wo geistliche und weltliche Funktionsträger für das Reich herangezogen wurden. Sein naiv-tiefer Intellekt, seine überzeugende Spiritualität, seine weitgreifende Fähigkeit, den Glauben zu kommunizieren, ließen ihn schnell Karriere machen. Früh hörte er den Ruf Jesu in die bedingungslose Nachfolge. Mit 30 wurde er Hamburger Erzbischof.

Der Visionär

Er war Visionär. Er hatte gelernt, sensibel die Stimme Jesu Christi aus dem Gewirr der vielen Stimmen herauszuhören, und er war bereit, Jesu Wort entschlossen zu gehorchen. Jesus begegnete ihm in Visionen und Traumgesichten, und es gab kaum eine wesentliche Entscheidung seines Lebens, ohne daß Jesus ihm durch eine Vision die Gewißheit gab, „auf rechter Straße" zu gehen. Schon am Anfang seines geistlichen Weges war es eine Berufungsvision, die ihn in die missionarische Nachfolge rief und mit Christus verband. Sein Biograph und Nachfolger Rimbert schreibt: „... sein Herz glühte vor Eifer in Liebe zu Gott; ihm war es eine reine Freude, daß er an der Seelengewinnung sollte arbeiten dürfen. Er nahm sich vor, alle Widrigkeiten und Unglücksfälle, die ihm auf einer solchen Reise zustoßen konnten, für Christus ergeben zu tragen. Da ihm schon früher der Trost einer göttlichen Vision zuteil geworden war, heg-

Abbildung 2.2: Bronceplastik von Manfred Sihle-Wissel

te er in Anbetracht dieser Aufgabe nicht die geringsten inneren Bedenken."[21]Vor Enthusiasmus schützten ihn die Bibel und die geistlichen Erfahrungen der Kirche. Geführt von Jesus Christus glich sein Leben oft einem Drahtseilakt, immer neu absturzgefährdet, aber gehalten – etwa wenn er als Legat des deutschen Kaisers auf der Missionsreise nach Schweden, von Piraten überfallen, alles einbüßte und durch einen schnellen Sprung in die Ostsee nur das nackte Leben rettete.[22] Ansgar lebte eine entschiedene Gebetsspiritualität. Er hatte sich eine Zelle bauen lassen als Schutzraum für die Intimität seiner Gebets-Gemeinschaft mit Jesus Christus.

Die Psalmen waren den Tag über seine Gebetssprache.

Der Missionar

Ansgar war leidenschaftlicher Missionar, der nie aufhörte, für das Heil der Heiden zu beten im Vertrauen darauf, daß „der Name des Herrn die Grenzen des Erdkreises erreicht".[23] Sein Leben war hineingerissen in die missionarische Lebensaufgabe, zu der Gott ihn durch Visionen und den Auftrag des Kaisers berufen hatte. Er war darin maßlos, weil sein Wertesystem im Himmel justiert war: „Für den Loskauf von Gefangenen verwandte er fast seinen ganzen Besitz; und als er auch dann noch das Elend der vielen Sklaven im Heidenlande ansehen mußte, gab er ohne Bedenken selbst die Altargefäße hin." „Besser ist es, dem Herrn Seelen zu erhalten, als Gold. Kostbar sind Gefäße, die Seelen vom Tode erlösen."[24] Er war als Missionar für die Heiden durch und durch glaubwürdig. Als er nach Schweden ging, gab ihm der König Dänemarks einen Brief mit, in dem er bezeugte, er habe nie einen Menschen von solcher Treue und Zuverlässigkeit kennengelernt.[25]

Der Wunder wirkende Charismatiker

Ansgar war charismatischer Wundertäter, der wie in neutestamentlicher Zeit demonstrierte, daß der Mensch sich mit Leib, Geist und Seele Gott anvertrauen kann, weil Gott Herr ist über Teufel, Sünde, Krankheit und Tod. „Alle aufzuzählen, die Ansgar durch Gebet und Salbung mit heiligem Öl heilte, ist unmöglich. Sobald nämlich diese Begabung durch vielfaches Zeugnis bekannt geworden war, kamen voller Verlangen nicht nur Kranke seiner eigenen Diözese zu ihm, sondern auch von weit her, um seine Heilkraft zu erbitten," schreibt Rimbert. Er blieb auch hier demütig. „Ihm selbst war es stets lieber, wenn das alles verborgen blieb und nicht bekannt wurde."[26]

Der diakonische Christ

Der Erzbischof Ansgar, der an Kaiser- und Fürstenhöfen verkehrte und mit den Großen seiner Zeit korrespondierte, war ein diakonischer Christ, der, wo auch immer er war, darauf achtete, daß den Armen der Vorzug gegeben wurde. Er kaufte viele in der Sklaverei Gefangene frei. „All seinen Besitz wünschte er nach dem Willen des Herrn Notleidenenden zu geben." Er baute in Bremen das Armenspital, in dem Bedürftige aufgenommen und Kranke gepflegt wurden. Adam von Bremen berichtet in seiner Hamburger Bischofsgeschichte, Ansgar habe das Armenspital täglich besucht: „er schämte sich nicht, den Kranken eigenhändig Dienstleistungen zu erweisen, und viele soll er durch Wort oder Berührung geheilt haben."[27] Immer trug er einen Geldbeutel bei sich, um Bedürftigen helfen zu können. „Während der Fasten ließ er in Bremen täglich vier Bedürftige speisen, zwei Männer und zwei Frauen. Er selbst mit den Brüdern wusch den Männern die Füße... Wenn er als Bischof seinen Sprengel visitierte, ließ er erst die Armen hereinführen, bevor er sich selbst zu Tisch setzte, reichte ihnen selbst Waschwasser, gab ihnen gesegnetes Brot, mischte den Trank und ging mit seinen Begleitern nicht eher zum Mahle, als bis vor ihnen ein Tisch stand."[28]

Die Provokation Gottes

Ansgar wird in seinem Gedenkjahr zur Provokation Gottes. Wir sollen nicht seine Berufung nachahmen – die war Ausdruck seiner persönlichen Geschichte mit Gott –, wohl aber Jesus nachfolgen. An Ansgar läßt Gott uns ablesen, was Kirche zur Kirche macht und den Christen als Christen ausweist. Er lebte im Raum des ersten Gebotes: Gott über alles fürchten, lieben und vertrauen. Zu seinem Leben gehörte eine trainierte Gebetsspiritualität: Ein Tag ohne intensives, intimes Gebet wäre für ihn ein verlorener Tag gewesen. Er hörte Gott, ließ sich sensibel von ihm führen und gewann dabei eine souveräne Gelassenheit in guten und bösen Tagen. Ansgar rechnete wie Jesus und die Jünger der Bibel mit Gottes Geist, der die Toten lebendig macht, die Kranken heilt, das Leben befreit, und er machte die Erfahrung, daß bei Gott kein Ding unmöglich ist.

Zum Beispiel: Ludwig Ingwer Nommensen

Einer der erfolgreichsten Missionare der Kirchengeschichte war der Schleswig-Holsteiner Ludwig Nommensen. Er wurde 1834 auf Nordstrand geboren. Hauke Heuck, Pastor auf Nordstrand, schrieb 1986:[29]

Mit Gott rechnen wie mit Zahlen

„Im Oktober 1986 feiert die Christlich-Protestantische Batak-Kirche (Huria Kristen Batak Protestan = HKBP) ihr 125jähriges Jubiläum. Mit fast zwei Millionen Gemeindegliedern ist sie die größte protestantische Kirche nicht nur in Indonesien, sondern in ganz Asien. Das Batak-Volk ist heute in Indonesien als christliches Volk bekannt: Alle Batak-Kirchen zusammen haben etwa drei Millionen Mitglieder. Das Werden und Wachsen dieser Kirchen ist eines der eindrucksvollsten Kapitel der Missionsgeschichte des 19. und 20. Jahrhunderts.

29

Viele Missionare sind von der Rheinischen Mission ins Batak-Land entsandt worden. Sie alle haben mit dem Einsatz ihrer ganzen Person als Boten des Evangeliums gewirkt und damit wichtige Aufbauarbeit geleistet. Ingwer Ludwig Nommensen jedoch war der Pionier der ersten Stunde. Ganz auf sich gestellt zog er ins Toba-Batakland. Anfänglichen Feindseligkeiten, die bis zu offenen Mordanschlägen reichten, begegnete er mit bewundernswerter Liebe, Geduld und Schlagfertigkeit. Er wußte sich von Gott an diesen Platz gestellt und konnte darum sagen: ‚Ich bin jetzt bei euch und werde nie wieder fortgehen.'

Nommensen bezog seinen Glauben ganz selbstverständlich in den Alltag ein. ‚Mit Gott rechnen wie mit Zahlen' – das war sein Motto. Er rechnete mit Gottes Sieg über alle Widerstände der an ihre grausame animistische Religion gebundenen Volksgemeinschaft der Batak. Mit unendlicher Ausdauer suchte er Wege zu den Herzen der Menschen. Und es gelang ihm, eine Bresche in die Mauer des Widerstandes zu schlagen, den Haß zu überwinden. Wie kein anderer gewann er das Vertrauen der Batak. Er verhandelte

Abbildung 2.3: Ingwer Ludwig Nommensen (1834–1918)

mit Häuptlingen, wenn es darum ging, Missionsstationen zu errichten und Gemeinden zu gründen. Auch die Rheinische Missionsgesellschaft erkannte recht bald seine Gaben und Einflußmöglichkeiten. Schon 1881 ernannte sie ihn zum Ephorus der jungen Missionskirche und stattete ihn mit weitreichenden Vollmachten aus.

Die Batak fühlten sich von Nommensen verstanden, zumal er ihre geistigen Fähigkeiten erkannte und förderte. Es ist nicht von ungefähr, daß die Batak Nommensen als ihren Apostel verehren. Sie haben ihm den Ehrentitel Ompu, d.h. Großvater, Stammvater des ganzen Batak-Volkes, gegeben. In der Art, wie er lebte und sich den Menschen gegenüber verhielt, wurde er den Batak ein Batak. Seine Liebe, sein bedingungsloser Einsatz, seine Bereitschaft, Entbehrungen auf sich zu nehmen und persönliche Opfer zu bringen, haben sich in die Erinnerung des Batak-Volkes eingegraben. So entschieden sie sich 1954 auch einmütig dafür, der neugegründeten Universität der HKBP den Namen ‚Nommensen-Universität' zu geben. Die Wertschätzung, die Nommensen unter den Batak genießt, hat der langjährige Ephorus Justin Sihombing einmal so beschrieben:

‚Nommensen war das Werkzeug, das Gott gebraucht hat, als Pionier, als Wegbereiter des Evangeliums im Batak-Land. Er hat den Grund gelegt. Wie mannigfaltig die Entwicklung und die Ausbreitung der Batak-Kirche jetzt auch sein mag, wie beim Pflanzenwuchs, es ist nichts dabei, das in seinem Ursprung nicht irgendwie auf ihn zurückgeht. Gewiß, Gott hat es wachsen und gedeihen lassen.'

…Die geistige Lebendigkeit, die heute in der Batak-Kirche anzutreffen ist und an der die Laien einen so erheblichen Anteil haben, ist eine Frucht des Samens, der in den ersten Jahrzehnten gesät wurde. Gerade in unserer Zeit, in der die Mission des 19. und Anfang des 20. Jahrhunderts oft pauschal mit Kolonialismus und der Zerstörung einheimischen kulturellen Erbes gleichgesetzt wird, gilt es, sich stärker mit Leben und Werk eines Mannes wie Ingwer Ludwig Nommensen zu beschäftigen."[30]

Der Machtkampf um die Menschen

„Es gab und gibt viele Europäer, die jede Missiontätigkeit ablehnen oder als überheblich bezeichnen. Sie preisen begeistert die Kultur und Religion der Naturvölker und raten, diese Menschen ungestört in ihrem paradiesischen Zustand ungetrübten Glücks zu lassen. Nommensen pflegte dann nicht ohne Zorn von dem ‚ungetrübten paradiesischen Glück‘ der animistischen Bataks zu erzählen, das aus Geisterfurcht, Menschenfresserei und unaufhörlichen Kriegen bestand." Ludwig Nommensen sah sich vom ersten Tag unter den Bataks an in „ein Ringen göttlicher und satanischer Mächte um das Batakvolk", einen Machtkampf Geist gegen Geist gestellt. „Den Mittelpunkt des batakschen Heidentums bildete die Geisterverehrung. Jeder Mensch wird nach seinem Tode... ein Geistwesen,... " das „sich rächen und Krankheit, Mißernte und sonstiges Unglück über die Nachkommen bringen" kann. Dieser Geisterglaube hatte eine spirituelle Terrorherrschaft errichtet. Nachdem Nommensen etwa ein Jahr in Si Gumpar gearbeitet hatte, schreibt er: „Grausamkeiten aller Art werden dabei verübt, und ein Kannibalismus kommt vor, der uns oft ein Rätsel ist. Im vorigen Jahr kam ein Mann zu mir, dessen verständige Weise mir sehr wohlgefiel. Seine Züge hatten etwas Freundliches und Gutmütiges. Er trank eine Tasse Kaffee mit mir unter lebhaftem Gespräch und – zehn Tage darauf fand ich ihn wieder als Wortführer einer blutigen Bande, neben sich einen auf Bambus gesteckten Menschenkopf und einen gebratenen Arm mit abgehackten Fingern! Das Opfer war frisch niedergemetzelt und zum Teil schon verzehrt. Als er mich gewahr wurde, ließ er den Kopf zwar ein wenig hängen, aber das blutgierige Geschrei seiner Mordgesellen fachte seinen Mut bald wieder an, und er war nicht zu überzeugen, daß er eine Greueltat begangen hatte."

„Die Entwicklung, die die Batakmission nahm, war ein Zeugnis dafür, wie Gott selbst hier am Werk war. Nicht die Klugheit von Menschen, nicht besonders günstige Umstände brachten die Entscheidung in diesem Kampf. Dieses Ringen zwischen Gutem und Bösem ließ etwas ahnen von der grauenvollen Macht des ‚Fürsten dieser Welt'. Paulus veranschaulichte es mit dem Wort: ‚Wir haben nicht mit Fleisch und Blut zu kämpfen, sondern mit Fürsten und Gewaltigen, nämlich mit den Herren der Welt, die in der Finsternis dieser Welt herrschen, mit den bösen Geistern unter dem Himmel.'" In späteren Jahren kam der spirituelle Kampf um die Seelen der Menschen gegen den offensiv andrängenden Islam dazu.

Furcht ist nicht in der Liebe …

Nommensen wurde in der Pionierzeit immer wieder verbal bedroht: „He Du Weißer dort! Kommt, laßt uns ihm die Beine abhacken und ihn auffressen." Dabei blieb es nicht. Mehrfach wurde er das Opfer von Mordversuchen. Ein Beispiel, das die Batakkirche bis heute nicht vergessen hat, ist der Giftanschlag eines Zauberers: Während der Zubereitung des Mittagessens kam ein Zauberer „in die Küche und bat den Koch, Nommensen zu rufen, da er ihm etwas Wichtiges zu sagen habe. Während der Junge abwesend war, schüttete der Zauberer ein tödliches Gift in den Kochtopf. Nachher beobachtete er heimlich aus der Ferne, wie der Missionar seinen Brei aß und auch seinem Hund davon gab. Der Hund starb sofort – Nommensen aber blieb gesund; allerdings behielt er zeitlebens davon einen sehr empfindlichen Magen. Noch nie hatte ein Mensch von diesem Gift genossen und war lebend geblieben. Völlig erschüttert darüber, daß dieses Gift bei Nommensen nicht tödlich wirkte, kam der Mann zu ihm und beichtete ihm seine Tat. Später wurde er sein Freund und ließ sich taufen." Dies Beispiel für die Macht des Wortes Jesu in Mk 16,18 (wenn sie etwas Tödliches trinken, wird's ihnen nicht schaden) blieb in der Geschichte der Batakkirche offenbar so beeindruckend, daß man neben den Gräbern Nommensens und seiner zweiten Frau auch ein Grab zum Gedenken an den Hund eingerichtet hat.

Glaube, der Stand hält

„Isaak war früher ein eifriger Sibaso (ein Geistermedium) gewesen. Als seine Familie hörte, daß er dem Götzendienst Valet gesagt habe, boten sie alles auf, ihn von dem Übertritt zum Christentum abzuhalten. Nachdem sie wiederholt vergeblich versucht hatten, ihn von Huta Dame wegzulocken, erdachten sie eine List. Die Verwandten kamen und sagten, seiner Neffen einer wolle heiraten, und er müsse dabei sein, wenn der Kaufpreis für die Braut bestimmt werde. Nichts Böses ahnend ging Isaak mit. Als sie nach Huta Barat gekommen waren, erklärten die Heiden ihn für ihren Gefangenen. Abends wurde ein heidnisches Fest gefeiert. Der Gefangene mußte in der Mitte sitzen, und nun ging's mit Trommeln und Pauken los, in der Hoffnung, daß der Geist von ihm Besitz ergreifen werde, wie er es früher oft getan hatte. Aber der Geist kam nicht, auch dann nicht, als man den früheren Sibaso mit Weihwasser besprengte, um ihn von seinem befleckenden Umgang mit dem weißen Lehrer zu reinigen. Da wurden die Verwandten noch erboster und wollten Isaak in den Block legen. Er fand indes Gelegenheit zu entfliehen.

Nach einiger Zeit kam seine Schwester mit Gold und Silber, um für ihren Sohn seine Tochter zu kaufen. Er aber wies das Geld ab und erklärte: ,Wenn dein Sohn sich vom Teufel zu Gott bekehrt, so kann er meine Tochter auch ohne Gold und Silber bekommen. Ich verkaufe mein Kind nicht mehr, wie es unsere heidnische Sitte ist.' Das Essen, das die Schwester mitbrachte, nahm er nicht, aus Furcht vor Vergiftung. Später drohten sie, ihn mit Gewalt zu holen, begnügten sich aber damit, ihm Angst zu machen, daß der Geist binnen einem halben Jahr ihn töten werde. Er hat ihn aber nicht getötet."

Der Visionär

„Du Land am See, ich höre überall die Glocken klingen über dir, sehe die Scharen deiner Bewohner deine Schule und Kirchen füllen, schaue Gärten auf deinen jetzt kahlen Höhen, üppige Wälder, geordnete Christendörfer ohne Zahl, bataksche Lehrer und Prediger auf deinen Kathedern und Kanzeln! Noch stemmst du dich trotzig gegen den König Jesus; aber wie der Ozean zum Strande drängt unhemmbar und unaufhaltsam, so wird das Wort des Ewigen zu dir drängen unhemmbar und unaufhaltsam. Die Sonne ist aufgegangen über dem Batakland; wer will ihr wehren, daß sie herüberscheint bis zum Strand von Toba!" Seine prophetische Vision wurde Wirklichkeit. 1911 feierte die Batakkirche ihr 50jähriges Bestehen. Da gab es gepflegte, saubere Dörfer mit fruchttragenden Äckern, in den Dörfern standen Kirchen, in denen Glocken die Christen zum Gottesdienst riefen. Ihm standen als Ephorus der Kirche 55 europäische Mitarbeiter zur Seite: Missionare, Handwerker, Ärzte, Schwestern. 28 Batak arbeiteten in dieser Kirche bereits als Pfarrer, 688 als Lehrer, 26 waren Evangelisten, und etwa 1500 Älteste wirkten in den Gemeinden. Mustergültige Krankenhäuser versorgten die Kranken. In einem Heim wurden die Aussätzigen gesammelt und gepflegt. Die Industrieschule bildete junge Batak in allen Handwerken aus, und diese tragen in den Dörfern zur Verbesserung der Lebensbedingungen und zu Wohlstand bei. In der Druckerei wurden die notwendigen Schulbücher, Bibelteile und Gemeindeblätter gedruckt.

Als Ludwig Nommensen 1918 starb, zählte die blühende Batak-Kirche 180.000 Glieder. Heute sind es 3,5 Millionen, und sie ist die größte protestantische Kirche Ostasiens. Sie ist inzwischen gegliedert in 3500 Gemeinden mit 1500 Pastoren und Pastorinnen. Dazu kommen 550 Vikare und Vikarinnen. Und eine kircheneigene Universität trägt den Namen Nommensens.

Verrückt? Fanal? Ein Pastor wird zum Skandal

18. August 1976: Ein Mann im Talar steht mitten in Zeitz – einer mittleren Industriestadt in der DDR – vor der großen Michaeliskirche. Eben hat er zwei Plakate auf dem Dach seines Trabi befestigt: „Die Kirche in der DDR klagt den Kommunismus an! Wegen Unterdrückung in Schulen an Kindern und Jugendlichen." Passanten bleiben stehen, um zu lesen. Kunden und Verkäuferinnen treten aus den Geschäften. Ein Offizier der Volkspolizei eilt herbei. Es herrscht eine unheimliche Stille. Jeder DDR-Bürger weiß: Das ist eine lebensgefährliche Kampfansage an Honnecker und Mielke, an das gesamte System des Weltkommunismus. David gegen Goliath; ein kleiner, schwacher Mann, von Beruf Pastor, gegen einen fast allmächtigen Machtapparat, dem nichts und niemand entgeht.

Herbeigeeilte Funktionäre reißen die Plakate herunter. Im selben Augenblick greift Oskar Brüsewitz, der Pastor im Talar, zu der 20-Liter-Milchkanne, die er mitgebracht hat und übergießt sich mit Benzin. Ein Streichholzstrich, und 3-4 m hohe Flammen schlagen hoch. Pastor Brüsewitz brennt lichterloh und wird zur Fackel - ein gespenstisches Bild. Menschen rufen um Hilfe. Ein beherzter Mann eilt herbei, um dem Pastor den brennenden Talar vom Leibe zu reißen. Der reißt sich los, läuft an der Kirche vorbei auf das Pastorat zu, während die Glocken für eine Beerdigung zu läuten beginnen. Ein Soldat, der vorbeikommt, stellt ihm ein Bein.

Er stürzt. Endlich gelingt es, die Flammen zu ersticken. Aus dem Geschäft gegenüber bringt jemand einen Stuhl und setzt den entsetzlich verbrannten Pastor Brüsewitz darauf, der noch bei vollem Bewußtsein ist: „Er sah uns wortlos an, blickte von einem zum anderen mit seinem verbrannten Gesicht, die gelblich pergamentfarbenen Hände in seinem Schoß," erinnerte sich später einer, der dabei war.

Drei Tage später ist er tot. Er wurde 47 Jahre alt. Dieser brennende Christ und Pastor, der sein Leben verzweifelt angefochten und anfechtbar einsetzte, war keineswegs verrückt; er wurde zum Fanal, zum Flammenzeichen und brachte die Spitzen von Staat und Kirche um den Schlaf. Keinesfalls unanfechtbar oder unangefochten: Darf ein Christ sich so opfern? Gleichwohl – der kleine, schwache Mann wurde zum entflammten Gebet, das niemand kopieren sollte. Demütig hatte er noch, bevor er sich auf den Weg nach Zeitz machte, Abschiedsbriefe geschrieben. Im Brief an die Pastoren und Pastorinnen seines Kirchenkreises stand:

> „Liebe Brüder und Schwestern,
> es ist mir sehr schmerzlich, Euch allen die Schande zuzumuten. Ich habe mich zu dieser Tat langsam durchgerungen. Nach meinem Leben[31] habe ich es nicht verdient, zu den Auserwählten zu gehören. Meine Vergangenheit ist des Ruhmes nicht wert.
>
> Umso mehr freue ich mich, daß mein Herr und König und General mich zu den geliebten Zeugen berufen hat. Obwohl der scheinbar tiefe Frieden, der auch in die Christenheit eingedrungen ist und zukunftsversprechend ist, tobt zwischen Licht und Finsternis ein mächtiger Krieg.
> Wahrheit und Lüge stehen nebeneinander.
> Ich grüße Euch alle sehr.

Ich liebe Euch, auch Bruder Hildebrandt[32]

Euer Oskar"

In wenigen Stunden will ich erfahren, soll ich erfahren, daß mein Erlöser lebt."

Oskar Brüsewitz arbeitete unter dem Zeichen des Kreuzes. Auf dem Kirchturm von Rippicha hatte er ein drei Meter hohes Neonkreuz angebracht, das nachts weithin leuchtete und die Autofahrer auf der Bundesstraße zwischen Zeitz und Gera grüßte. Trotz aggressivster Drohungen der staatlichen Organe wurde es bis zu seinem Tod nicht entfernt. „Wer ist bereit, mit mir den Kirchenkreis für Jesus Christus zu gewinnen?" fragte Oskar Brüsewitz. Und 1970 schreibt er „Ich habe in den vergangenen Jahren schwere Stürme erlebt. Immerhin ist uns ein großer Einbruch in das Reich der Dämonie und der Finsternis gelungen. Wir haben den ganzen Kreis gestürmt." Er bediente sich oft der Sprache der militia Christi. Er war ein offensiver Pfarrer, der um die Seele der Menschen kämpfte und noch im Abschiedsbrief an seine Familie Christus seinen „König und Feldmarschall" nannte.

Als ich vor Jahren der Witwe von Oskar Brüsewitz in Rippicha, dem kleinen Dorf, in dem mein Vorfahre Christian Müller von 1710 – 1734 als Pastor wirkte, begegnete, erzählte sie von ihrem 4-jährigen Enkel, der eines Tages fragte: „Omi, warum ist Opi so berühmt geworden?" Bevor sie noch antworten konnte, gab er sich selbst die Antwort, deren Tiefe er gewiß noch nicht verstand: „Ach, ich weiß. Er hatte Streit mit den Kommunisten." Es war ein Streit im Namen Gottes, in dem er sein Leben einsetzen mußte. Als die DDR die gottlose Parole ausgab: „Ohne Gott und Sonnenschein bringen wir die Ernte ein", da fuhr er mit Pferd und Wagen in die Stadt und zeigte auf dem Leiterwagen das Transparent: „Ohne Regen und Gott, da geht die ganze Welt bankrott". Als die Schulkinder 1974 zur Einweihung der neuen Schule mit

Schildern „25 Jahre DDR" aufmarschieren mußten, stellte sich Pastor Brüsewitz mit seinem Schild „2000 Jahre Kirche Jesu Christi" an den Straßenrand. „Das wird Sie teuer zu stehen kommen", drohte der Schulleiter. Und so kam es. Oskar Brüsewitz wußte,

Abbildung 2.4: Pastor Oskar Brüsewitz in Rippicha

daß der Mensch ohne Jesus Christus in seiner Gottlosigkeit verloren ist. Mit einer verzehrenden Leidenschaft wollte er in seinem Umkreis die Menschen für seinen „König Christus", wie er voller Ehrfurcht sagte, gewinnen. Mit den Jungen spielte er Fußball, für Kinder richtete er einen Spielplatz ein, aber kein Kind durfte ihn betreten, weil die kommunistischen Behörden es verboten: Christus war nicht willkommen. Frei und offen und liebevoll konnte er auf jeden SED-Funktionär zugehen, aber die Gottlosigkeit des Kommunismus, der Betonmauern errichtete zwischen Gott und den Menschen, den haßte er. Ihn brachte es um den Schlaf, wie die Kirchenspitzen um Manfred Stolpe sich unter der Parole „Kirche im Sozialismus" mit dem System arrangierten und Jesus Christus sich vielerorts aussperren lassen mußte.

Oskar Brüsewitz lebte in einer zutiefst dämonisierten Gesellschaft, in der Gottes Wort erstickt und Gott zum Schweigen gebracht werden sollte. Das ist dort in erheblichem Umfang gelungen. Die Zahl der Menschen nimmt zu, die eine Kirche betreten und nicht mehr wissen, wer der ist, der da am Kreuz hängt. Auch in unserer „freien offenen" Gesellschaft wird Gott um sein Wort gebracht – nur raffinierter und gekonnter. Das Schweigen Gottes wird sogar in der Kirche unheimlich. Zu allen Zeiten verwendete man die

Abbildung 2.5: Oskar Brüsewitz

Kirche gern als Opiumlieferanten zur Gewissensberuhigung. Bei der Abtreibung braucht man die Kirche ja nicht etwa nur im Beratungsboot, weil ihre Beratung besser ist als die von Pro Familia, sondern – sicher gern verdrängt – weil der von der Kirche unterschriebene Beratungsschein die Gewissen angesichts der vorsätzlichen Tötung von mindestens 150 000 werdenden Menschen pro Jahr am Ende beruhigt. Aber Gott ist nie ein Narkotikum. Gott redet auch heute. Hier störte etwa Papst Benedikt XVI. den Kirchhofsfrieden empfindlich. Darum trifft ihn die Wut der Gestörten. Bei Brüsewitz sprach Gott aus dem Feuer heraus.

Das 20. Jh ist auch das Jahrhundert der Märtyrer – in Nazi-Deutschland war es beispielsweise Dietrich Bonhoeffer – hochgebildet, elitär und schnell und steil im Aufstieg auf der akademischen Karriereleiter; zugleich jedoch radikaler Nachfolger Jesu Christi. Märtyrer im Zwangssystem des DDR-Sozialismus wurde der schlichte Schuhmachermeister mit Volksschulbildung und spätexaminierte Pfarrer Oskar Brüsewitz – in den Augen mancher ein „Narr in Christus". Ihn hatten Krieg und Vertreibung in die Kirche gespült. Und nach einer gescheiterten, kurzen Ehe war er aus dem Westen in die DDR geflüchtet. Hier wurde er zum Glaubenden und schnell zum leidenschaftlichen Missionar. Beide – Bonhoeffer und Brüsewitz – zeigen sich bei aller Unterschiedlichkeit ihrer Biographien als erstaunlich naiv und radikal Glaubende. Beide waren auf die Gestaltung persönlichen Glaubens und den missionarischen Bau der Gemeinde Jesu Christi fixiert; beide wurden in der Nachfolge Jesu Christi zum personalen Politikum. Bonhoeffer stieg ein in die Verschwörung gegen den Menschen mordenden Faschismus, und die zeitgleiche Kirche hatte erhebliche Probleme mit seinem Handeln. Brüsewitz widerstand dem antichristlichen Kommunismus, indem er sich am Ende selbst zum Brandopfer und Fanal setzte, und seine Selbstverbrennung brachte Kirche und Staat in hektische Verlegenheit. Er vollzog sie mitten in der Industriestadt Zeitz vor der mittelalterlichen St. Michaeliskirche und verstand sie als paradoxes Zeichen des Glaubens gegen den militanten staatlichen Atheismus. Sein Lebensopfer war zugleich prophetischer Weckruf an eine im Sozialismus im Laufe der Zeit bescheiden gescheit etablierte Kirche. Der heutige Greifswalder Bischof Berger nannte es rückblickend „ein dringend notwendiges und gerechtfertigtes Zeichen gegenüber einer Kirche, die sich einrichten will."

Beide - Bonhoeffer und Brüsewitz - sind exemplarische Heilige im 20. Jh. Beide verstanden Kirche in den jeweiligen Gesellschaften, deren Teil sie waren, vom Ursprung her als Kontrastgesellschaft. Beide sind uns einsichtiger als viele Heilige der Vergangenheit, weil es Augenzeugen und Akten gibt. Präzise Recherchen sind möglich. Zugleich sind sie uns anstößiger, weil sie im 20. Jahrhundert in Volkskirchen mit der Tendenz zur Anpassung an den Geist der Gesellschaft die Frage nach der Nachfolge Jesu Christi provozieren, und das als „Heilige", die kirchenpolitisch seit den Zeiten Jesu nie koscher waren. Die Herausforderung, die beide als Nachfolger Christi im Konflikt mit gottlosen Gesellschaften darstellen, ist in der Volkskirche bisher nicht aufgenommen. Sie will oder kann es nicht.

Aber dennoch: Durch Heilige wie Oskar Brüsewitz oder Dietrich Bonhoeffer werden Christen hineingerissen in die Frage, wieweit Kirche sich auf die Gesellschaft, die ihr Lebensraum ist, einlassen kann, wo sie um ihrer Identität willen prophetisch Widerstand leisten und wo sie sich selbst im Zeugnis des Glaubens und in der Nachfolge Jesu Christi aufs Spiel setzen muß. Jede Erinnerung an Dietrich Bonhoeffer provoziert die nationalsozialistische Schuldgeschichte der Kirche. Oskar Brüsewitz erzwingt, das komplexe Verhältnis von Kirche und Sozialismus geistlich aufzuarbeiten. Auch hier gibt es eine kirchliche Schuldgeschichte im Westen und Osten, die noch weithin verdrängt ist und die geistliche Erneuerung der Kirche blockiert. Aber erheblich weiter geht die Frage, ob eine Kirche es sich vor Gott und den Menschen leisten kann, auf der Suche nach spiritueller Erneuerung das Beispiel der Nachfolge Jesu Christi zu vergessen, das Oskar Brüsewitz im Kontrast zum Geist seiner Gesellschaft setzte.

3 FÄLSCHUNGEN

„Laßt euch nicht durch mancherlei fremde Lehren verführen…"

Es scheint, daß Satan längst, weithin unbemerkt, wichtige Kommandostellen des landeskirchlichen Protestantismus besetzt hält. Satan ist ein brillanter Theologe, ein feinsinnig gewinnender Exeget, radikaler Menschenrechtler, wenn es nutzt, ein Meister täuschender Maskerade. Das ahnte schon Goethe. Die „Aufklärung", historisch unausweichliche Antwort auf die entsetzlichen Gewaltorgien des 30jährigen Krieges, der die Totschlag-Dogmatik der politisierten christlichen Konfessionen ad absurdum geführt hatte, gewachsen auf dem fruchtbaren Beet der Plausibilität, Teilhaberin an der Wahrheit, die Gott seiner Schöpfung eingepflanzt hat, ist eines von Satans Meisterstücken. Sie leuchtet schnell selbst denen ein, die nie Kant gelesen haben, und ist zugleich schweißtreibendes Arbeitsprogramm Erkenntnis gewinnender geistiger Eliten, also intellektueller Lustgewinn für Denker- und Forscher-Naturen.

Allerdings: Aufklärung inthronisiert den Menschen und dekonstruiert Christi Gottheit; sie macht Jesus zum exemplarischen Menschen Gottes, zum Vorbild und Propagandisten einer gewinnenden Ethik. Hier läge der luziferisch verführende Konvergenzpunkt zwischen Islam und Christentum mit einer Tendenz zur Unterwerfung der Christen auf der Linie des Houllebecqschen Gedankenspiels. Aber genau diese Dekonstruktion der Trinität Gottes ist das antichristliche Geschäft Satans, das er vornehmlich in der Kirche Christi betreibt. Denn diese humanisierende Bewegung nimmt dem Menschen den gekreuzigten und auferweckten Christus, der exklusiv die Erlösung wirkt und Freiheit schenkt: „Ich bin der Weg, die Auferstehung und das Leben, niemand kommt zum Vater denn durch mich," kündete er. Hier genau gilt Ja oder Nein, und der landeskirchliche Protestantismus sagt weithin „Jein".

Satan kann Menschenrechte

Es waren die vor den Abgründen der menschlichen Seele und der Menschengeschichte schaudernden Russen Dostojewskij und Solowjew, welche im 19. Jh. die satanische Usurpation der Kirche erschreckend beschrieben. Dostojewskij erkannte diesen dämonisierten Jünger in der idealtypischen Gestalt des Großinquisitors, dieser Inkarnation des Geistes, der das Reich Gottes machtvoll antichristlich auf der Erde zu schaffen verspricht. Wie sollte der biblische Christus mit seinem vom Jüngsten Tag her wirkenden Gottes-Realismus die in diesseitiger Perspektive denkenden kirchlichen Planungsstäbe der Macher nicht stören! „Komm nie wieder", sagt ihm der Welt beherrschende Kardinal in Sevilla. Solowjew erkannte den Antichristen im genialen Humanität schaffenden Menschheitsbeglücker. Luzifer hat mit den Menschenrechten kein Problem. Nur, er radikalisiert sie exzessiv, trennt sie von der Vernunft, lädt sie totalitär auf und verheißt sie utopisch als „den Weg, die Wahrheit und das Leben". Der Mensch tritt an die Spitze aller Werte und wird an Gottes Statt zum Maß aller Dinge. Satanisches Raffinement ist nicht selten die Übertreibung des Guten.

Allein Christus ist es, der sich Satan grundsätzlich entzieht und in den Weg stellt, weil er das Böse bis in seine letzten Abgründe kennt und dessen nihilistischen Geist am eigenen Leib erfahren hat. Allein an Christus, dem am Kreuz sühnend-versöhnenden und von den Toten auferstandenen Gott, scheiden sich die Geister. Als Solowjews Antichrist im letzten Akt seiner „Evangelisation" die Christen im Namen einer umfassend toleranten Humanität zu sich lockt, folgen ihm weite Teile der Kirchenfunktionäre aller Konfessionen. In aufgeklärter Moderne vollführt Satan sein teuflisches Spiel gut versteckt hinter den Kulissen. „Der größte moderne Irrtum besteht nicht in der These vom toten Gott, sondern im Glauben, daß der Teufel tot ist", treibt es bekanntlich der kolumbianische Philosoph Nicola Davila auf die Spitze.

Wer Satan unterschätzt, hat schon verloren

Wer Satan unterschätzt, hat schon verloren. Satan kann teuflisch brutal: Auschwitz und Gulags waren Inspirationen seines Geistes, diabolisch kalt von Satans Jüngern exekutiert. In abgründiger Brutalität schlägt er gegenwärtig verstörend zu, wo Muslime, und das sind IS-Fanatiker auf den Spuren des Propheten unbestreitbar auch, jesidische oder christliche Mädchen unter dem Schrei „Alahu akbar" schänden und zerstören oder Menschen vor laufender Kamera köpfen. Satan kann aber ebenso perfekt einfühlsam und kommunikativ, wo er etwa im psychologisch und ethisch verfeinerten Westen den Kirchen und Gesellschaften die gottlose Gender-Ideologie geschickt mit den Mehrwerten „Gleichheit, Liebe und Gerechtigkeit" andreht. Papst Franziskus nannte „Gender" während einer Bischofskonferenz treffsicher „dämonisch". Hier sind ihm die protestantischen Landeskirchen längst auf den sie zerfressenden Leim gekrochen.

Nach wie vor: am Kreuz scheiden sich die Geister

Ja, Satan ist der Affe, der zum Verwechseln ähnlich Gott imitiert. Er kann faszinierend viel. Nur „Kreuz" kann er nicht. Spätestens am Kreuz demaskiert sich das Böse, das radikal Böse, das selbst der Aufklärer Kant als anthropologische Konstante nicht wegzudenken vermochte. Am Kreuz von Golgatha trug und entlarvte Christus, „wahrer Gott vom wahren Gott", das abgrundtiefe Böse in jeder Gestalt, die Sünden- und Leidenslast der Menschheit von Anbeginn und stellte das Böse in das auferweckende Licht seiner gekreuzigten Liebe. Am Kreuz stehen die Christusliebhaber mit ihrer Sündenlast, nicht die „gerechten Gutmenschen" dieser Welt und ihrer Kirchen, die sich immer neu anschicken, in humanitärem Überschwang Gottes Reich an Christus vorbei zu schaffen, und Satan lacht sich ins Fäustchen, weil über kurz oder lang das Chaos wächst. Ohne Christus keine Zukunft für Gottes Schöpfung.

Wo das Kreuz nicht mehr in seiner göttlichen Tiefe verstanden wird, da gewinnen exzessiv ausgelegte menschenrechtliche Werte-Utopien in Kirche und Gesellschaft Raum, und wo das geschieht, verfallen Recht und Vernunft und werden zu Spielbällen einer von humanitären Imperativen gesteuerten Wertediktatur. Die Kirche hat ihre Identität nicht in einer Menschenrechts-Humanität, sondern in Jesu Christi Kreuz und Auferstehung. Genau hier liegt die Grenzlinie, an der die religionsgeschichtliche Definitionsformel von den abrahamitischen Religionen theologisch zur satanisch inspirierten Blasphemie wird. Auch diese Blasphemie, die Mission obsolet macht, hat inzwischen breit Eingang in das landeskirchliche Establishment gefunden. Die rheinische Synode formulierte dies antichristlich zugespitzt so: „Eine strategische Islammission oder eine Begegnung mit Muslimen in Konversionsabsicht bedroht den innergesellschaftlichen Frieden und widerspricht dem Geist und Auftrag Jesu Christi und ist entschieden abzulehnen." Hätte die Alte Kirche dieser Behauptung gehorcht, wäre der Glaube an Jesus Christus nie ins Rheinland gelangt. Nicht der von Sünde, Tod und Teufel erlösende Jesus Christus ist länger das Credo der rheinischen Kirche, sondern der humanitäre Imperativ, der interreligiöse Arbeit am Weltfrieden fordert.

Die Aufgeklärten verstehen Religion nicht mehr

Es ist tief irritierend, daß Bischöfe und Theologen Religion in ihren Tiefen und Abgründen nicht mehr verstehen. Darum haben sie keine Schwierigkeiten, sich der schillernden Sprache der Vieldeutigkeit zu bedienen. Sagt die Heilige Schrift eindeutig „Und in keinem anderen ist das Heil, auch ist kein anderer Name den Menschen unter dem Himmel gegeben, durch den wir sollen gerettet werden", erklärt die postmodern „aufgeklärte" EKD vieldeutig „Die Herausforderung besteht darin, von Christus zu sprechen, aber so, daß dabei nicht der Glaube des anderen abgewertet oder für unwahr erklärt wird. So wie für den Christen das Gehören zu Christus der einzige Trost im Leben und im Sterben ist, so ja auch für den Anhänger der anderen Religion sein spezifischer Glaube. Dies darf auf beiden Seiten anerkannt werden." Die EKD spricht hier die diabolisch inspirierte Sprache der Postmoderne, die subjektivistisch darauf verzichtet, die Wahrheitsfrage zu klären. Damit allerdings gibt sie Christus preis, der sein Leben für die Wahrheit Gottes bis zum Sterben am Kreuz eindeutig hingegeben hat.

Die Aufklärung hat die Religion unsäglich platt gemacht. Sozialpsychologische Deutungen muslimischer Selbstmordattentäter etwa bleiben an der Oberfläche, weil sie den dämonisch gefälschten Gotteshunger verkennen, den Satan geweckt hat, geschickt auch mit dem Gottesbild „Allah" spielend. Was anderes als ein „Götze" kann denn Allah in biblischer Sicht sein, den Satan vor den dreieinen Gott geschoben hat, um Menschen in großer Zahl effektiv von Christus zu isolieren – gegenwärtig mehr als 1.5 Milliarden Menschen weltweit? Gegenwärtiges protestantisches Bischofsgerede hierzulande wirkt bei aller Eloquenz so ärgerlich banal, so geschwätzig seicht, so phrasenhaft billig, weil die Hirten das gegenwärtig Böse und den Bösen nicht mehr erkennen und leichthin Jesu Kreuz links liegen lassen. Damit allerdings verlieren sie auch den Geist, der die Toten lebendig macht, und sind bei gut gefüllten Kirchensteuerkassen bankrott.

Dorothee Sölle und der verräterische Applaus

„Über Tote nichts als Gutes!" Aber Dorothee Sölle war nicht nur Mensch, sie war auch personifizierte Theologie, galt in linker Kirche und Theologie als Prophetin, manche bezeichneten sie als Gotteslehrerin. Was verleiblichte sich in ihr? Dorothee Sölle war zweifellos eine hochbegabte Frau, weit ausgreifend gebildet, sensibel im Sprechen und Schreiben. Sie wurde zur Souffleuse der Linken in Kirche und Gesellschaft. Sie war zu Hause in den Akademien der Kirchen, den Foren der Kirchentage oder auf dem theologischen Lehrstuhl in New York. Ihr Thema war das Theorie-Praxis-Kontinuum des Glaubens in der Nachfolge des Zimmermanns aus Nazareth. Immer neu suchte sie den Gott, der im Himmel sitzt, in das von Maden zerfressene stinkende Fleisch menschlichen Leidens herunterzuziehen. Sie analysierte in souveräner Kenntnis humanwissenschaftlicher und geistesgeschichtlicher Einsichten das, was sich ihr als Leben darbot. Und sie proklamierte den Tod des Gottes, der alles so herrlich regiert, aber nach Auschwitz nicht mehr zu loben sei.

Stellvertretend und selbstbewusst übernahm sie schreibend und redend, zuhörend und sicher auch zupackend den Platz des am Kreuz hingerichteten Gottes, von manchen fast in die Rolle einer Schwester redemptrix stilisiert. Nur wo übernahm sie den Platz? Auf Golgatha? In den Folterkammern des sandinistischen Innenministers Borge, den man aus Nicaragua zu Kirchentagen

einlud? Auf dem Hamburger Straßenstrich? Nein, Dorothee Sölle hat vieles von dem gehabt, was man in der Sprache der Bibel
Gottes Segen nennt, und es war ihr zu gönnen: Kinder und En-
kelkinder, den Ehemann, viele Freunde, ein hohes Ansehen weltweit, das wohl ausgestattete Arbeitszimmer im Haus mit Garten.
Man war in ihrem Haushalt auskömmlich alimentiert mit ansehn-
lichen Professorengehältern und Honoraren. Aus dieser wohlha-
benden Welt heraus beschrieb sie das Leiden Gottes widerständig
sensibel, mit nicht selten treffenden Bildern. Und ihre Leser und
Hörer waren eine bürgerlich lebende, mit dem Abitur versehene,
gebildete, linke, empörte und im Allgemeinen beachtlich entlohn-
te Klasse in Kirche, Politik und Gesellschaft. Die Masse ihrer Leser
lebte nicht, von Spritzen zerstochen, in der Drogenszene. Ich zitiere Dorothee Sölle:

> „meine junge tochter fragt mich griechisch lernen wo-
> zu sympathein sage ich eine menschliche fähigkeit die
> tieren und maschinen abgeht lerne konjugieren noch ist
> griechisch nicht verboten"

Griechisch ist wunderbar, nur wer wollte es verbieten? War die
Distanz dieser bürgerlichen Existenz zum real existierenden weltweiten Elend nicht doch allzu groß? Sie schrieb für eine durchweg wohlsituierte Schicht, deren exponierte Spitzen nicht gerade per pedes apostolorum zu den „Erniedrigten und Beleidigten"
zu gehen pflegen wie Prediger kleiner Pfingstgemeinden in La-
teinamerika, sondern „Mercedes episcoporum" bis an die Ecke
des Elends fahren, dort Solidarität und Sympathie dokumentieren
und danach wieder in den geschmackvoll oder funktional ausge-
statteten Amtszimmern, den Gremiensitzungen und Vorlesungs-
räumen etablierter Institutionen verschwinden. Wird so die Wahrheit nach einem Titel Dorothee Sölles konkret? Wird hier nicht
eher gekonnt formuliert ein provokantes theologisches Sprach-
Spiel getrieben, in dem man mit Pastorengehalt und pensionsbe-

rechtigt virtuell „atheistisch an Gott glaubt"?

Ich jedenfalls glaube dann doch lieber einfältig dem dreieinigen Gott, den die holländische Christin Corrie ten Boom selbst im KZ Ravensbrück naiv glaubend zu preisen vermochte und – eine weinende Prostituierte im Arm – „Du, Vater" nannte, nachdem man dort ihre lungenkranke Schwester zu Tode gehetzt und geprügelt hatte. Sie war um der Juden willen im KZ, ihrer wird in Yad waShem gedacht, und sie hat ihren Glauben an Jesus, das Lamm Gottes, das die Sünde der Welt trägt, mit mir geteilt, als ich sie, die Weltreisende der Liebe Gottes, später traf.

Dorothee Sölle hat in den Jahrzehnten nach Auschwitz viele der Segnungen des Schöpfers empfangen, den sie aus dem Himmel zu zerren versuchte, um ihm im Namen der Leidenden auf Erden ständig neu den theologischen Garaus zu machen. Dabei gewährte ihr dieser Gott, der sie wunderbar geschaffen und begabt hat, sogar eine beachtliche publizistische Karriere. Nur die Ehre eines deutschen theologischen Lehrstuhls habe man ihr versagt, beklagte und rügte Bischöfin Wartenberg-Potter in ihrer Gedenkrede unter dem Applaus der Trauergemeinde mit starken Worten. Aber: Führt die Nachfolge des bis zum Tod am Kreuz Erniedrigten etwa zur Würde deutscher theologischer Lehrstühle? Dieser Applaus war verräterisch. Es ist wohl doch leichter vom Dachgeschoß in der Bronx auf das Elend herabzublicken, und es dann im Union Theological Seminary zu reflektieren, als mit Mutter Theresa mitten im Elend zu leben, und das nicht nur vier Wochen im Experiment.

Dorothee Sölle war gewiss eine beeindruckende Frau, eine begnadete »Gotteslehrerin« erkenne ich in ihr nicht. Jesu Abba ist nicht Sölles mystisch gefasster Ozean, selbst wenn Luther solche Bilder nahm. Sölles Gottesbegriff war eindimensional, nicht trinitarisch und darum geistlos. Bei Dorothee Sölle boten Begriff und Erfahrung keinen Raum für den heiligen Gott, der wirklich kommt, zu richten die Lebenden und die Toten, schon gar nicht für den Gott, der die Sünde der Welt sühnt, und – wenn ich richtig sehe – nicht einmal für den Gott, der sie persönlich so großzügig gesegnet hat. Daß Bischöfe sie dafür emphatisch loben, zeigt, wie tief der Graben zwischen der Kirche und dem dreieinigen Gott inzwischen ist.

Nein, ich lobe meinen Schöpfer, der mich vom Himmel herab, ohne daß ich es verdient hätte, wunderbar mit gesunden Kindern und einem auskömmlichen Einkommen gesegnet hat. Ich preise den Gott, der mich in Deutschland leben lässt und nicht im Kongo oder in Saudiarabien. Ich verstehe nicht, wie der Gott, der Dorothee Sölle gesegnet hat, es aushält, daß im Kongo Kinder gezwungen werden, Menschenfleisch zu fressen. Aber ich weiß, wenn Gott mir nicht gnädig ist und mir meine Sünden täglich und reichlich vergibt, weil Jesus Christus sie gesühnt hat, dann ist es aus und vorbei mit mir für Zeit und Ewigkeit. Das konnte ich bei Dorothee Sölle nicht lernen. Das begriff ich erst langsam, als ich nach gut durchgestylten politischen Nachtgebeten von meiner und der Gottlosigkeit der real existierenden Kirchen entsetzt und enttäuscht zur Besinnung und dann zur Bibel kam.

Bärbel Wartenberg-Potter: Bischofsnachfolge in Nordelbien

Im Bischofswahlausschuß wurden die Weichen gestellt. Es war nicht zu erwarten, daß die links-liberale Gremienkirche einen glaubenskonservativen Kandidaten ernsthaft ins Kalkül ziehen würde. Denn die Macht geben auch Liberale nicht freiwillig aus der Hand. Bärbel Wartenberg-Potter war die stärkste unter den Nominierten. Eloquent, engagiert, menschlich beeindruckend, international und interkulturell verheiratet, mit einem bedeutenden Mann an ihrer Seite drückte sie die beiden anderen fulminant aus dem Weg ins Bischofsamt. Sie bringt zahllose Freundschaften und Beziehungen mit nach Nordelbien. Sie schaut weit über den

Kirchturm hinaus. Was haben die Glaubenskonservativen gegen diese Frau, diese Provokation, in der Reich-Gottes-Perspektive global zu leben und zu denken?

Ihre Sprache ist sensibel, erhellend und bewegend wenn sie von sich oder Frauen erzählt, sie ist oft plakativ und ungenau, sobald sie ihre Feinde oder das, was sie für gottlose Mächte hält, benennt, beschreibt und attackiert. Eines von vielen Beispielen ist der Lasterkatalog, in dem sie in eine Reihe stellt: „Kriegstreiber, Fremdenhasser, Besitzanhäufer, Häuslebauer, Antikommunisten, Rechthaber und Verleumder." Das ist die Sprache der linken Stammtische, undifferenziert und belanglos. Und die Häuslebauer neben den Kriegstreibern und Fremdenhassern, das ist ist die Sprache der Jet-Set-und Konferenz-Ökumene, die auf ihren Dienstflügen die Bodenhaftung verloren hat. Hier wird sie noch manches zu lernen haben über Menschen, die zwar die Kirche im Dorf lassen, aber mit ihrem Fleiß, der Kirche das Geld verschaffen, von dem auch die Dienstreisen und Dienstwagen von Bischöfinnen bezahlt werden. Verräterisch und verletzend für die Opfer ist das diffamierende Gerede von den Antikommunisten. Der Kommunismus hat weltweit wahrscheinlich mehr Menschenopfer gefordert als der Nationalsozialismus. Hier hat der Weltrat der Kirchen auch für die Zeit, in der die Potters dort wirkten, noch manches schmerzlich aufzuarbeiten. Antikommunismus ist von Christen genau so gefordert wie der Kampf gegen den Nationalsozialismus, nicht mehr und nicht weniger. Und schließlich wird ihr Lasterkatalog belanglos, durch das, was sie entweder nicht sieht oder nicht zu schreiben wagt. Warum fehlen die Abtreiberinnen, die eine Blutspur durch das tödlich gefährdete und darum von Bärbel Wartenberg-Potter immer neu in den Blick geholte Leben ziehen? Was gibt es Lebensfeindlicheres, als das Kind im bergenden Schutzraum des Mutterleibes zerstückeln zu lassen?

Trennender ist, folgt man Veröffentlichungen von ihr, ein Gottes-, Menschen- und Weltbild, das nicht in der Mitte der Bibel – in Jesu Kreuz und Auferstehung – verwurzelt ist. Sie fixiert ihre Sicht und ihre Leidenschaft wie Dorothee Sölle auf das Leben vor dem Tod, ihr Gott kennt keinen Zorn, dem allein das Kreuz entspricht; ihr Mensch keine wirklich von Gott trennende Sünde, ihr Reich Gottes kein die Zukunft entscheidendes Gericht, ihr Christus kein im Gericht Gottes entlastendes Kreuz. Nimmt man sie beim Wort ihrer Veröffentlichungen, dann zeigt sich hinter der oft schillernden, sich bisweilen absichernden Sprache: Sie löst sich von der „Männerdogmatik", setzt auf Frauenpraxis und -erfahrung und verliert dabei im Entscheidenden den Schutz der Bibel und der geistlichen Erfahrung der Vorfahren.

Ihre theologische Schwester Dorothee Sölle hatte definiert: Nach Auschwitz könne man Gott nicht mehr loben. Das ist Gott sei Dank nicht Wahrheit geworden. Richtig ist: Angesichts der entsetzlichen Menschheitsverbrechen des 20. Jh. – im Namen des real existierenden totalitären Sozialismus und des menschenverachtenden Nationalsozialismus – erscheint das von ihr propagierte Aufstehen vom Ostermorgen her im Vertrauen auf die Fähigkeit des Menschen zum Guten seltsam flach: Nein, der Güte des Menschen läßt sich nicht trauen. Und auch die Geschichte des Weltrates der Kirchen, an der sie und ihr Mann mitgestaltet haben, oder die des Lutherischen Weltbundes zeigen die unheimlich zähe Macht der Sünde, die immer neu auch die „Gutmenschen" in den Bann menschenfressender Ideologien fesselt: Man erinnert sich an die Foltercamps der SWAPO in Namibia oder an Winni Mandela, jahrelang als Heilige in Frauenwerken der Landeskirchen andächtig gefeiert, bis sie als Mörderin entlarvt wurde. Dies und manches mehr, das ist die abstoßend ungerechte Kehrseite der gerechten Antirassismusprogramme.

Und nicht nur Männer waren die Täter; Frauen standen ihnen an Brutalität nicht nach. Der Mensch, mit dem sich Gott am Kreuz im erlösenden Tod verschweißt, ist deformiert – zu Auschwitz und jeder okkulten oder religiösen Perversion fähig. Das gilt nicht nur für Männer, das gilt auch für Frauen. Das biblische und lutherische Menschenbild, das Frau Wartenberg-Potter wegzuschreiben versucht, ist immer noch wirklichkeitsgetreuer. Der Mensch ist radikal in die Sünde verkrümmt. Für die Bibel ist und bleibt der Marschbefehl zum Bau des Gottesreiches „in Christus" eingewurzelt: „Ohne mich könnt ihr nichts tun", sagt Jesus Christus. Menschenbild und Christusbedürftigkeit unterscheiden uns, wenn ich richtig sehe, und das trennt Gemeinschaft des Glaubens. Bärbel Wartenberg-Potter kann bewegend vom Trost erzählen, den sie in schwerer Zeit aus dem Kreuz Jesu gewonnen hat. Das gehört zum ergreifendend Überzeugenden in ihrem Buch. Das Mysterium des Kreuzes habe ich allerdings bei ihr nicht gefunden. Auch nicht in anderen Aufsätzen. Das schiebt sie offenbar historisch kritisch beiseite, lähmt es doch in ihren Augen das Zupacken der Menschen. Aber hier, nicht in der Ethik, geht es um Sein oder Nichtsein für den Christen. Am Kreuz verbindet sich der heilige Gott in einer unendlichen, schier verzweifelten Liebe bis in den Tod mit uns unheiligen, gottvergessenen Menschen, und das obwohl er uns in seiner Heiligkeit nicht erträgt. „Sühne" ist das widerständige Wort, dessen die ganze Geschichte zwischen Gott und Mensch umfassenden Inhalt an Heiligkeit, Leid, Schmerz, Bosheit, Verletzung, Schuld, Gottlosigkeit, Liebe es auch in der Moderne zu meditieren und zu verstehen gilt. Gott nimmt das Gericht, dem ich ausweglos verfallen bin, in Christus auf sich, um mir eine letzte Möglichkeit zum Leben zu geben. Das Kreuz ist Gottes und des Menschen Nullpunkt, die enge Pforte, der einzige Weg, das Leben aus dem Tod. Nirgendwo anders findet der Mensch das Leben, ob Mann oder Frau, ob Jude oder Heide, ob Muslim oder Christ. Es ist nicht ablösbar durch

Abbildung 3.1: Kokoschka: Christus hilft den hungernden Kindern, 1945

das „fröhliche Osterkreuz". Wer das verschweigt, verunehrt Gott. Diesen Gott versteht nur, wer sich seinem Geist öffnet. Bärbel Wartenberg-Potter kennt all dies als Theologin, aber ich sehe nicht, daß es sie bewegt, und sie hat es vermutlich wie der theologische Feminismus unter dem Schlagwort „Durch versteinernden Dogmatismus geopferte Frauen" in ihrem Kuriositätenkabinett der „Männerdogmatik" abgelegt. Nein, sie müßte noch viel von der von ihr verspotteten Kirche der „Jesus-Fan-Clubs" lernen, bevor sie geistlich unsere Bischöfin sein kann.

Sie konzentriert sich wie Dorothee Sölle auf das Leben vor dem Tod, auch wenn sie Kindern beeindruckend vom Leben nach dem Tod zu erzählen vermag. Aber sie kennt im Widerspruch zur Bibel das Gericht Gottes nicht mehr. In einfühlsamer Sprache beschreibt sie Gott, auf dessen großem weichen Schoß „alle sitzen dürfen, die einmal gelebt haben." „... Gott läßt sich von ihnen ihre Erdengeschichten erzählen: ihren Kummer und ihre Freuden, worüber sie gelacht und geweint haben, von den Menschen, die mit ihnen gelebt haben, von dir und von mir. Dann lacht Gott und freut sich oder er weint, ist zornig und empört, je nachdem." Und schließlich: „Gott behütet in der Zwischenzeit all die Toten mit großer Liebe und Freundlichkeit und nimmt ihnen nichts übel, gar nichts." Auch Hitler oder Stalin nicht? Wie will sie einen solchen Satz gegen die Bibel verantworten. Diesen Satz kann man nicht einmal an ein Kind schreiben, das um den Vater trauert; schon gar nicht in einem Buch, das sich an Erwachsene richtet, veröffentlichen. Diese leichtfertige Himmelspoesie, die Gottes Gericht mit einem Federstrich streicht, trennt uns, weil wir sie nicht in Gottes Wort lesen. Sie beschreibt spirituell offene Kampf- und Erfahrungsgemeinschaften von Männern und Frauen guten Willens, denen sie überall auf der Welt begegnet ist. Das Kreuz – vom ersten Gebot her verstanden – hat indessen klärende und unterscheidende Konsequenzen: Gilt dieser Einsatz Gottes für

Abbildung 3.2: Bischöfin Wartenberg-Potter im Cafe Jerusalem

mich, dann kann kein Raum für heilsame Ritualspiele mit Mond- oder Fruchtbarkeitsgöttinnen bleiben. Die Beziehung zu diesen hat immer das erste Gebot verletzt und den Menschen um Gott und das Leben gebracht. Warum sagt Frau Wartenberg-Potter das den Frauen der Göttinnenbewegung nicht, um die sie wirbt? Bei ihr löst sich der Unterschied zwischen Gott und den Götzen im Dunstkreis der spirituellen Interessen am Frauenrecht auf, und die Menschen bleiben mit den Dämonen allein. Wie will sie das verantworten? Ihre Distanzlosigkeit zur Göttinnenbewegung ist tief beunruhigend. In ihrem integrativen Denken und Fühlen kennt sie die Unterscheidung der Geister vom ersten Gebot her nicht. Das hat zur Folge, daß in ihrer nicht selten gewinnenden Sprache ein schillerndes Gottes- und Menschenbild begegnet, und sie bleibt als Theologin und Hirtin die biblische Unterscheidung der Geister schuldig. Genau das disqualifiziert sie als Bischöfin. In diesem Zusammenhang wird das symbolische Spiel der meditativen Kraftzapferei im inneren Dialog mit der schönen, stolzen Frau, die in Ägypten Gottheit war, zum geistlichen Problem. Die Dämonen sitzen nicht nur in Patriarchen, die Frauen strangulieren. Sie gewinnen Raum, wo das erste Gebot den Menschen nicht mehr schützt, und das sühnende Kreuz Jesu Christi um sein erlösendes Gewicht gebracht wird.

Nein, wir haben nicht nur ein paar Zitate böswillig aus dem Zusammenhang gerissen. Bis zum Beweis des Gegenteils steht hier Kirche gegen Kirche, Bibel gegen Bibel, Bekenntnis gegen Bekenntnis. Und wo es um Heil und Unheil geht, trägt die Formel von der versöhnten Verschiedenheit nicht. Wir halten es bei aller Achtung vor der offenen Lebendigkeit dieser beeindruckenden Frau für schlimm, daß solcher Spiritualität wieder ein Bischofskreuz verliehen wird.[33]

Menschenversuch: Der „neue Mensch" der Gender-Ideologie

Ein Wort macht inzwischen die Runde: „Gender". Viele lesen es, wenige können sagen, was es bedeutet. Es hat sich eingeschlichen wie ein U-Boot auf Kaperfahrt. Ursprünglich ein Lehnwort aus der englischen Sprache, dort Geschlechtsbezeichnung in der trockenen, aber exakten Grammatik: Er, sie, es. Später übernahm es die Sexualpsychologie, um Transsexualität bearbeiten zu können, diese „leidvolle Selbstwahrnehmung mancher Menschen, dem anderen Geschlecht anzugehören, in einem falschen Körper zu stecken"[34]. Seit der Pekinger Weltfrauenkonferenz 1995 ist es zu einem Gefäß geworden, das im Unterschied vom biologischen „Geschlecht" die Rollen enthält, von denen man glaubt

– und der Glaube reicht weit –, daß sie Männern und Frauen in gesellschaftlichen Prozessen zugewiesen werden. Diesen Gender-Aspekt individuell und gesellschaftlich auf allen Ebenen ins Zentrum des Bewusstseins zu heben und die in ihm ermittelten „Rollenstereotype" zu verändern, das ist Gender-Mainstreaming. Gender-Mainstreaming gibt sich in der Regel politisch klug als Fortsetzung des Ringens um die Gleichstellung von Männern und Frauen, also um Geschlechtergerechtigkeit. Mehr wollen vermutlich auch viele nicht, die Gender-Mainstreaming befürworten. Wer allerdings verstehen will, was hier geschieht, muß das ganze Bild in den Blick nehmen. Gender-Mainstreaming, die Gender Studien und die Gender-Perspektive bilden zusammen das kaum entwirrbare Geflecht der *Gender-Ideologie*, die, außergewöhnlich geschickt durch feministische Netzwerke entwickelt, in der politisch-pragmatischen Gestalt des Gender-Mainstreaming inzwischen die Amtsführung auch des letzten Dorfbürgermeisters in der westlichen Welt beeinflußt. „Die Gender-Perspektive ist eine umfassende Weltanschauung, die besagt, daß jede menschliche Handlung oder Beziehung rein sozial konstruiert ist."[35]

NEK: Gender das neue Heilsversprechen

Diese Ideologie hat inzwischen auch in die Nordelbische Kirche Einzug gehalten. 2004 hat die nordelbische Synode die Einführung von Gender-Mainstreaming in die NEK beschlossen. Unter der Überschrift „Das alles ist möglich!" hat jetzt die Gleichstellungs- und Genderbeauftragte der Nordelbischen Ev.-Luth. Kirche eine Handreichung herausgegeben, mit der sie das Gender-Mainstreaming-Verfahren in Nordelbien werbend vorantreiben möchte. In einem Geleitwort zur Handreichung, das die Unterschriften des Bischofkollegiums Jepsen, Dr. Knuth und Wartenberg-Potter trägt, heißt es:

„daß die Bilder von Frauen und Männern, Mädchen und Jungen durch unsere Erziehung, Gesellschaft und Rollenvorstellungen geprägt wurden, ist inzwischen Konsens in der (wissenschaftlichen) Geschlechterdiskussion. Damit sind die Geschlechterrollen im Blick auf mehr Geschlechtergerechtigkeit veränderbar. Mit der Umsetzung des Gender Mainstreaming Verfahrens wird systematisch dieses Ziel verfolgt, indem das Verfahren als Querschnittsaufgabe in alle Entscheidungen einbezogen wird."[36]

Das erscheint auf den ersten Blick plausibel. Wer will denn – geleitet vom biblischen Menschenbild – bestreiten, daß Männer und Frauen dieselbe Würde besitzen und die gleichen Rechte haben sollten? Aber wo liegen die Grenzen, an denen die Veränderung der Geschlechterrollen das Leben der Menschen beschädigt? Welches Gewicht hat die Tatsache, daß ein Kind 9 Monate im Leib seiner Mutter heranwächst, für die Zeit danach? Sind Mutterschaft und Vaterschaft grundsätzlich auswechselbar? Wie fundamental lassen sich Geschlechterrollen umpolen oder verflüssigen? Welche Bedeutung hat für das Leben der Menschen die Identitätserfahrung, die aus der Übereinstimmung von biologisch vorgegebenem Geschlecht und Geschlechterrolle erwächst? Wie gleich sind Männer und Frauen wirklich? Ist der „kleine Unterschied" so klein wie die lesbische Feministin und Ikone der deutschen Frauenbewegung Alice Schwarzer seit mehr als 30 Jahren proklamiert? Nein, Geschlechtergleichheit stößt unausweichlich an die Grenze, die Gott um des von ihm geschaffenen Lebens willen gesetzt hat: Gott hat den Menschen *bipolar männlich und weiblich* in ergänzungsbedürftiger Verschiedenheit geschaffen. Nur beide gemeinsam – in kreativer gespannter Unterschiedenheit - können nachhaltig in Gestalt von Kindern Leben weiter geben. *Gleichgeschlechtliche* Sexualität ist in sich selbst unfruchtbar.

Entlarvend ist der theologische Grundsatzartikel, der in der Handreichung zu Gender-Mainstreaming abgedruckt ist.[37] Hier entwickelt der Autor unter Missbrauch der Taufformel aus dem Galaterbrief des Apostels die Vision einer geschlechtsneutralisierten Gender-Welt, die durch Umerziehung Platz greifen soll. Sein Traum ist zwar noch in einer Fußnote versteckt, gleichwohl aber in ungenierter Deutlichkeit skizziert:

> „Geschlechtergerechtigkeit bedeutet in letzter Konsequenz die *Überwindung des bipolaren Geschlechterkonstrukts* hin zu einem Bild, das alle Möglichkeiten, die sich zwischen den Idealen von Männlichkeit und Weiblichkeit auftun, umfasst. Auch wenn uns dieses Konstrukt heute noch als analytische Kategorie hilft, Unterschiede wahrzunehmen und einzuordnen, muss es, auch im Interesse all der Menschen, die aus diesem Schema herausfallen (*Intersexuelle, Transsexuelle, Queer-Menschen*)[38] zur Dekonstruktion, zur Erweiterung und damit zur Auflösung des bipolaren Geschlechtermodells kommen."[39]

Man reibt sich die Augen: Nicht Gott hat die Menschen bipolar männlich und weiblich gewollt und geschaffen, um einander in liebender Unterschiedenheit zu ergänzen und in lustvoll gelebter Sexualität kreativ Kindern das Leben zu schenken, damit Leben Zukunft hat – nein, der Mensch soll bis auf den kleinen biologischen Unterschied von Penis und Scheide nichts anderes sein als ein durch die Gesellschaft bipolar männlich und weiblich entwickeltes Konstrukt, das möglichst schnell durch Sozial-Ingenieure aufzulösen und neu zu konstruieren ist. Jeder Mann, der sich als Frau fühlt, lässt sich durch die Konstruktion einer Scheide in eine Frau verwandeln und, wenn's beliebt, auch zurück. Anything goes. In diesem Gender-Aberwitz wird der Mensch zum Konstrukteur seiner selbst. Hier begegnet in der

NEK exakt das gottlose Menschenbild der Gender-Perspektive, die sich wie ein Karzinom in das biblische Menschenbild hineinfrisst, um es von innen zu zerstören. Daß dies mit Kirchensteuermitteln veröffentlicht und in der NEK verbreitet wurde, ist ein Skandal.

Denaturalisierung: Menschenmacher gegen Gottes Natur

Die feministische Soziologin Prof. Nina Degele nennt dies in den Freiburger Frauen Studien „Denaturalisierung".[40] Im „Spiegel" beschreibt René Pfister ein erschreckend erhellendes Beispiel für die aus diesem Denkmodell entwickelte Pädagogik[41]. Gerade dadurch, daß es entgleiste, zeigt dies Beispiel, was hier auf dem Spiel steht:

> Dissens, der Berliner Verein für „aktive Patriarchatskritik", der durch erhebliche öffentliche Mittel floriert, veranstaltete einen „Vorurteilswettbewerb", „an dessen Ende die Erkenntnis stehen sollte, daß sich Männer und Frauen viel weniger unterscheiden als gedacht". Es „entspann sich eine heftige Debatte, ob Mädchen im Stehen pinkeln und Jungs Gefühle zeigen können, Sätze flogen hin und her. Am Ende warfen die beiden Dissens-Leute einem besonders selbstbewussten Jungen vor, ‚daß er eine Scheide habe und nur so tue, als sei er ein Junge', so steht es im Protokoll. "

Der Spiegel-Autor kommentiert diese Entgleisung: „Einem Teenager die Existenz des Geschlechtsteils abzusprechen ist ein ziemlich verwirrender Anwurf, aber das nahmen die Dissens-Leute in Kauf, ihnen ging es um die ‚Zerstörung von Identitäten', wie sie schreiben. Das Ziel einer ‚nichtidentitären Jungenarbeit' sei ‚nicht der andere Junge, sondern gar kein Junge'.

Der Bremer Geschlechterforscher Professor Amendt stellte im Hinblick auf diesen vom Bonner Ministerium für Frauen und Familie geförderten Skandal fest: „Wer Identitäten zerstört, zerstört Menschen... Identitätszerstörung – und bereits –verwirrung – führen zu pathologischen Zuständen, die als leidvoll und desorientierend erlebt werden."[42] Verwirrung und Verunsicherung der Geschlechter-Identität sind nun aber erklärtes Ziel der Gender Studien. Die Freiburger Soziologie-Professorin Nina Degele – eine entschiedene Feministin – definiert in einem Aufsatz zum Verhältnis von Gender Mainstreaming und Gender Studien: „Gender Studies zielen auf eine Entnaturalisierung von Geschlecht, was als Programm allen Strategien des Gender Mainstreaming (implizit) zugrunde liegt". Sie fährt fort:

> „Diese Entnaturalisierung lässt sich am prägnantesten mit dem Begriff des „Queering" fassen. Queer beschreibt ‚Ansätze oder Modelle, die Brüche im angeblichen stabilen Verhältnis zwischen chromosomalem, gelebtem Geschlecht (gender) und sexuellem Begehren hervorheben. Im Kampf gegen diese Vorstellung von Stabilität... lenkt queer den Blick dahin, wo biologisches Geschlecht (sex), soziales Geschlecht (gender) und Begehren nicht zusammenpassen'. Gemeint ist also eine Entselbstverständlichung unhinterfragter Annahmen in Bezug auf die Kategorien ‚männlich', ‚weiblich', ‚Hetero'- und ‚Homosexualität' sowie die Annahme der Zweigeschlechtlichkeit... Ein solches Queering bzw. Unterminieren ist radikal. Denn was verunsichert uns mehr, als den Menschen uns gegenüber nicht eindeutig als Frau oder Mann klassifizieren zu können?"

Angesichts dieses Kontextes ist die geistlich-theologische Naivität, in der Gender-Mainstreaming theologisch und anthropologisch ungeprüft in die NEK und EKD übernommen wurde, erschreckend.

Sexualität: Jenseits aller Kriterien

Ein Zweites wird im Grundsatzartikel der nordelbischen Handreichung erkennbar: Die Anerkennung homosexueller Partnerschaften, die verbindlich und verlässlich leben, und die Möglichkeit, sie zu segnen, war nur ein Zwischenschritt auf dem Weg in ein sexuelles Utopia, der Anerkennung folgt die Entlassung sexueller Kontakte und Beziehungen aus den Maßstäben biblischen Urteils in die postmoderne Beliebigkeit: Jeder, jede, wie es beliebt, nur bitte einvernehmlich und kondomiert. Nicht aus der Leben erhaltenden Sicht der Mehrheit aller Männer und Frauen, die in normaler heterosexueller Orientierung der Schöpfung gemäß nachhaltig in Gestalt von Kindern Leben weitergeben können, wird jetzt das Menschenbild gewonnen, sondern aus der Leidens-Sicht marginaler Minderheiten, nämlich der Schwulen und Lesben, der Intersexuellen, der Transsexuellen, also aller „Queer-Menschen". Ihre Situation zwinge – heißt es in der nordelbischen Handreichung – „zur Auflösung des bipolaren Geschlechtermodells". Wie sieht das aus, was jetzt im nächsten Schritt anerkannt, theologisch legitimiert und so normalisiert werden soll:

> Es begegnet uns zum Beispiel in der Gestalt des Hamburger „Queer-Forschers" Robin Bauer, der als Birgit Bauer geboren wurde, und sich auf der Suche nach Probanden für eine geplante soziologische Dr.-Arbeit an der Hamburger Universität im Internet vorstellt als „32 Jahre alter weißer/deutscher queer/schwuler, nicht-monogamer prä-operativer Transmann", der zur „BDSM-Community" gehöre.[43] Das ist keine Persiflage, denn immerhin will Birgit Bauer über das auf diesem Weg gesammelte Material den Dr.-Grad einer deutschen

Universität erwerben, und eine Professorin, die dieses Projekt betreuen will, steht, wie man im Internet lesen kann, an der Hamburger Universität bereit.

BDSM steht für Fesselung (bondage), Disziplin, Dominanz und Sado-Maso im Vollzug des sexuellen Lustgewinns. Früher wurde diese sexuelle Neigung als Sado-Masochismus und kranke Sexualität wahrgenommen, noch ist sie von der WHO als gestörte Sexualität indiziert[44], es dürfte allerdings nur eine Frage der Zeit sein, bis sie – auch durch Zustimmung postmoderner Kirchen – im Rahmen der Gender-Perspektive normalisiert, zu einer von vielen Spielarten „ganz normaler" Sexualität erklärt wird. Auch diese Spielart bietet sich dem Menschen in der Gender-Perspektive zur freien Wahl an, sie kann in postmoderner Beliebigkeit neben vielen anderen als beispielhaft verstanden werden. Daß hier ein psychopathologischer Leidensdruck auf Heilung wartet, wird im Tunnelblick gnadenlos verdrängt.

Das heißt: In westlichen Gesellschaften wird gegenwärtig ein Menschenbild durchgesetzt, das

• sexuelle Begegnungen überall und immer da freigibt, wo sie einverständlich stattfinden – Gestalt und Form sind unter dem Aspekt der Denaturalisierung gleichgültig;

• dem Menschen die freie, konstruierende Wahl seiner sexuellen Identität ohne Rücksicht auf das biologisch vorgegebene Geschlecht zubilligt; und das

• alle sexuellen Identitätskonstruktionen – ob Leben fördernd oder pathologisch - im Geist der Postmoderne unterschiedslos für normal und beispielgebend erklärt.

Beschreibung und Protokolle der Pekinger Weltfrauen-Konferenz von 1995 zeigen die einflussreichen Interessengruppen, die in der Rechtsform der „NGO" zusammen mit UN-Mitarbeitern diesen Prozess inszenierten. Dieses sehr einseitig auf Sexualität und die grundsätzlich konstruierbare Offenheit von „Gender" fixierte und zu einem beträchtlichen Teil aus der Perspektive von machtvoll agierenden Minderheiten konstruierte Menschenbild versteht sich als emanzipativ und lebensdienlich. Ziel ist der „neue Mensch", radikal befreit und unter allen Umständen gleichgestellt. Leitfiguren der Gender-Perspektive wie die lesbisch-feministische Philosophin Judith Butler erheben ausdrücklich den Anspruch, das christliche Menschenbild zu ersetzen.

Postmodern: Anything goes

Die Gender-Ideologie hat ihre Wurzeln in der post-modernen Geisteshaltung. Postmodernes Denken und Handeln haben ein grundlegendes Ziel darin, die von Gott gegebene und naturwissenschaftlich unabweisbare anthropologische Struktur des Menschen als Mann und Frau zu destabilisieren und zu überwinden. „Das grundlegende Postulat der Postmodernen ist, daß die Wirklichkeit eine soziale Konstruktion ist."[45] Wahrheit und Wirklichkeit haben keinen objektiven Inhalt; sie sind fast beliebig veränderbar. Ethische Normen und gesellschaftliche, rechtliche oder religiöse Strukturen können nach Belieben auf- oder abgebaut werden, je nach Situation und freier Wahl des Individuums. Genau dies wird in der Gender-Ideologie konsequent durchgeführt mit dem revolutionären Ziel, den Mann und die Frau von den Bedingungen zu befreien, „unter die Gott sie in ihrer Existenz gestellt hat."[46] Die „Gender-Dreieinigkeit" von Studien, Perspektive und Mainstreaming stellt eine Ideologie dar, deren profilierte und radikale Vertreterinnen behaupten, über ein umfassendes Raster zum Verstehen und Verändern von Wirklichkeit zu verfügen. Diese Ideologie ist unverkennbar von einem tief morbiden Geist beherrscht, der im Kampf gegen die Mutterrolle der Frau innerhalb der erfaßten westlich geprägten Menschheit geradezu suizidale Züge aufweist. Kirche, die diesem Menschenversuch verblendet oder naiv Raum gibt oder ihm gar verfällt, trägt zur Zerstörung des Menschen bei. Hybrid, in verletzter Anmaßung, leugnet oder marginalisiert die Gender-Lobby die von Gott gesetzten Schöpfungsstrukturen. Sie dekonstruiert die Normativität des in Gottes Schöpfung begründeten natürlich Normalen. Sie will bewusst und manipulativ die Identität des heterosexuell orientierten Menschen verwirren und verunsichern. Verheerend ist, daß dieser Menschenversuch einhergeht mit der Diskriminierung der Mutterschaft und der Förderung der Abtreibung. Damit sind zugleich die wichtigsten Voraussetzungen für Nachhaltigkeit und die Erhaltung der Schöpfung in Frage gestellt. In der Ablehnung der Mutterschaft – das Wort Mutter kommt in der Pekinger Aktionsplattform, mit der die Gender-Mainstreaming-Offensive begann, so gut wie nicht vor - zeigt sich eine tiefe morbide Leibfeindlichkeit ähnlich destruktiv wie in der antiken Gnosis.

Totalitär: Die Tentakeln des Gender-Mainstreaming

Der unbedingte Wille, die Gesellschaft auf allen Ebenen – nicht nur die staatliche Verwaltung, sondern jeden Verein, jede Religionsgemeinschaft, jeden Betrieb, jeden Kegelclub – einem einheitlichen Prinzip zu unterwerfen, wirkt totalitär. Überall müssen aktiv Ungleichheitspotentiale aufgedeckt, erfasst und dokumentiert werden.[47] Ohne genaue Gerechtigkeits-Buchführung wird es keine Fördermittel mehr aus staatlichen und über kurz oder lang aus kirchlichen Töpfen geben. Der Manipulation durch dieses totalitäre Umerziehungsprogramm wird jeder Mitarbeiter ausgesetzt sein. Denn es ist nicht basisorganisiert, sondern verläuft topdown, von oben nach unten. Pastoren werden nur noch angestellt werden, wenn sie dieses Programm unterstützen. Der Bedarf an Gender-Experten wächst in Behörden und Betrieben, in Kirchen und Verbänden beständig. Flächendeckend haben die Gleichstellungsbeauftragten und die Netzwerke ihrer „informellen Mitarbeiter" ihre Positionen eingenommen. Längst ist so etwas wie eine Priesterschaft der „Gender-Ideologie" entstanden, straff in Kadern organisiert, deren Mitglieder den Gender-Aspekt verwalten und Abweichungen indizieren. Die Einrichtung von Inquisitionstribunalen, wie wir sie bereits beim Antidiskriminierungsgesetz wahrnehmen konnten, ist eine Konsequenz des hier herrschenden totalitären Ansatzes. Dieser Wille kommt diesmal sanft unter dem Anschein der Menschenfreundlichkeit daher. Er sickert populär unter den Leitworten „Gleichheit" und „Gerechtigkeit" in die Gesellschaft ein. Er ist inzwischen von einer großen Mehrheit der Eliten in Politik und Wirtschaft, in Kultur und Religion und vor allem in den Medien wie selbstverständlich, wenngleich aus verschiedenen Beweggründen verinnerlicht. Dieser Wille wird, wenn er sich wirklich durchsetzen lässt, den Menschen tief beschädigen: „Wer Identitäten zerstört, zerstört Menschen... Identitätszerstörung – und bereits -verwirrung – führen zu pathologischen Zuständen, die als leidvoll und desorientierend erlebt werden." Dieser Wille fördert nicht das in Gottes Schöpfung biologisch Vorgegebene, das in Tradition und Erfahrung als lebensdienlich Bewährte, das augenfällig Natürliche, sondern setzt an dessen Stelle durch „politische Geschlechtsumwandlung" (Volker Zastrow) den neu konstruierten Menschen. Dieser Menschenversuch endete bei dem amerikanischen Psychiater Money, der die medizinischen Grundlagen für die Gender-Perspektive gelegt hatte, als es darum ging, diese Theorie zu beweisen, für beide Probanden mit tödlichem Ausgang. Man kann nur darauf hoffen, daß Gottes Schöpfung sich in der Verteidigung des von Gott Gesetzten erneut als vitaler erweist und daß Gottes Heiliger Geist sich die Erneuerung des Menschen nicht durch verblendete Ideologen aus seiner Zuständigkeit stehlen lässt.

4

Vom Regen in die Traufe oder warum ich nicht konvertiere Es gibt einen flotten utopischen Vorschlag aus Journalisten-Feder: Er rät den Küng-Katholiken mit der Sehnsucht nach protestantischen Reformen doch einfach zum Protestantismus zu konvertieren und andererseits den Lutheranern, die an ihrer mit Bibel und Bekenntnis allzu locker verbundenen Kirche leiden, schlicht den umgekehrten Weg zu gehen. Leider auf lange Zeit noch eine Seifenblase. Und auch diese frisch- und neusortierten Kirchen blieben leider eine nicht gerade wohlriechende Mixtur von Sündern, die jeden Tag neu der Vergebung bedürften. Freilich gemessen an der bieder bürgerlichen Mittelmäßigkeit gegenwärtiger evangelischer Landeskirchen wirkt die katholische Weltkirche in Glanz und Elend, beladen mit kitschigem Trödel und Raum für himmelstürmenden Glauben faszinierend. Die Kirche, die Joseph Ratzinger leitete, ist bei aller dogmatischen Geschmeidigkeit konturiert in der Lehre, sie ist in den Kernpunkten des Glaubens biblisch gegründet, sie hatte in der zweitausend-jährigen Geschichte über weite Zeiten eine theologisch verläßliche Leitungsstruktur. Sie war fähig, Irrlehre auszuscheiden und vermochte die Einheit in verantwortbarer Pluralität zu wahren. In ihr ließen sich zu allen Zeiten in beeindruckender Fülle heilig lebende Menschen inspirieren, gewinnende Beispiele der Nachfolge Christi zu setzen. Ein Historiker nannte die Heiligen „das schönste Ruhmesblatt des Katholizismus". Luther hätte hier bei sachgemäßer Prüfung Platz – nicht als katalogisierbarer Heiliger, gewiß aber als hinreißend Glaubender und einer der kreativsten Theologen der Christenheit.

Dominus Jesus oder die protestantische Profillosigkeit

Ich gestehe die Versuchung, aus der lähmenden Mittelmäßigkeit gegenwärtiger protestantischer Landeskirchen in die Welt-Kirche Benedikts zu immigrieren. Der in Christus verwurzelten Intellektualität und der liebenden geistgeleiteten Frömmigkeit dieses Papstes würde ich mich anvertrauen. Beides hat verlockendes Christusniveau. Der Christ Joseph Ratzinger kennt seinen Dominus Jesus, der nicht nur bedingungslos liebt, sondern auch aus Liebe zu den Menschen unbedingte Grenzen zieht, weil er die zerstörende Macht der Sünde am Kreuz leibhaftig durchlitten hat.

Wo noch gestatten Gremien und Dienste und Werke des landeskirchlichen Protestantismus dem biblischen Jesus Christus zu herrschen? Allzu oft treffen wir auf das christologische Zerrbild eines zurechtgestutzten grün-ökologischen Ideologen, der mit großer Sympathie am Christopher-Street-Day teilnimmt und gender-gerecht sexuelle Vielfalt segnet. Selbst in Christian Jensens Breklumer Betsaal liegt inzwischen die Sektenbibel „in gerechter Sprache" auf dem Altar – ein Gräuel für den Geist, der Christian Jensen antrieb, Menschen für Zeit und Ewigkeit zu retten. Feministinnen erteilen dem „Herrn" Jesus in vielen Kirchen Hausverbot, und wer ihnen widersteht, gerät ins Abseits. Der gottesdienstliche Segen wird zunehmend häufiger im Namen eines für alles Mögliche offenen „Guten Gottes" gesprochen, um die Feministinnen-Seele nicht zu kränken. Ist das noch der Segen im Namen des biblischen Herrn, der sich seinem Volk in der hebräischen Bibel als Jahwe geschichtlich offenbart hat und im Neuen Testament das Angesicht des Kyrios Jesus trägt? Papst Benedikt XVI. hat genau diesen Dominus Jesus seiner Kirche neu ins Herz geschrieben.

Solus Christus in Welt und Gottesdienst

Benedikt hält in seiner Erklärung „Dominus Jesus" – zweifellos dialogbereit – um Gottes und der Menschen willen fest, daß allein Jesus Christus in Person der Weg, die Wahrheit und das Leben ist und darum niemand zu Gott findet, der ihn verfehlt. Auch in diesem Dokument ist es der Dominus Jesus selbst, der um des Menschen willen einladend Grenzen zieht, derer man sich im landeskirchlichen Protestantismus weithin geradezu geniert. Der Herr Jesus, der exklusiv das Heil ist, erscheint in multireligiösen Gesellschaften als politisch unkorrekt. Zweifellos. Aber wann und wo war er je politisch korrekt? Dem Herrn getreu macht der Papst geradezu Luthers solus Christus erneut verbindlich. Evangelische Kirchenleiter sprechen es selten aus. Fürchten sie den Spott des postmodernen multireligiösen Geistes, die empört süffisanten Schlagzeilen? Benedikt erweist sich im Sinne Solowjews als einer der Leiter der Christenheit, deren Stimme die Glaubenden um des Heils willen hören sollten. In seiner visionären kurzen Erzählung vom Antichrist schildert der russische Religionsphilosoph, wie Papst Petrus dem Antichristen das Bekenntnis entgegen schleudert: „Unser alleiniger Herr ist Jesus Christus, der Sohn des lebendigen Gottes."

Mich beeindruckt in katholischen Gottesdiensten der Respekt, mit dem das Wort Gottes verehrt wird. Reden evangelische Pastoren akademisch distanziert und banalisierend von „Predigttexten", so heißt es im katholischen Gottesdienst in liebevollem Respekt „Wort des lebendigen Gottes". Katholiken feiern ästhetisch beeindruckende Sakramentsgottesdienste, in denen Menschen Raum gewinnen, das Mysterium Christi zu verehren und die liebende Schönheit Gottes im Abendmahl anzubeten. Die Eucharistie, das eigentliche Wunder des Glaubens, nämlich daß ich, der Sünder, Christus ganzheitlich mit Leib, Geist und Seele „kauen und schlucken" darf (Joh 6,54), garantiert geradezu, daß der Gottesdienst nicht zu subjektiver Geschwätzigkeit verkommt. Selbst brillant moderierte protestantische Wortgottesdienste reichen nicht in die Tiefe der eucharistischen Feier.

Sakrament oder säkularisierte Ehe

Im Katholizismus wie in der Orthodoxie ist die Ehe Sakrament, in Luthers Tradition ein „weltlich Ding". Luther nannte die Ehe allerdings in anderem Zusammenhang – und das scheint vergessen – den „allergeistlichsten Stand". Die im „weltlich Ding" angelegte Säkularisierung der Ehe nahm der evangelischen Kirche die Kraft zum Schutz von Ehe und Familie. Nach dem unwiderstehlichen Freiheitsimpuls von 1968 wurden Ehe und Familie weithin dem Geist gottloser Individualisierung geopfert, dies gegenwärtig erschreckend symbolisch wahrnehmbar in den geschiedenen deutschen Bischöfinnen. Die Klarheit der katholischen Position zu Ehe und Familie ist beeindruckend. Zweifellos ist nach dem Willen Gottes die monogame, lebenslängliche Ehe von Mann und Frau, Gottes Mandat – wie Bonhoeffer es nennt – die einzige Lebensform, in der Sexualität geheiligt gelebt werden kann. Sexualität dient dem geheiligten Fest der lustvoll liebenden Verschmelzung von Mann und Frau, die kreativ offen ist für die Weitergabe des Lebens. Das ist schöpfungsgemäß, das darf man im erweiterten Sinne sakramental nennen. Ehe ist Schutzraum für geheiligte Sexualität, die in ihrer Lust Gott lobt und preist. Jenseits dieses Schutzraums gelebte Sexualität ist Unzucht. Darin ist das Neue Testament klar, die katholische Kirche läßt sich von dieser Klarheit nichts abmarkten, die ethische Bemühung der Landeskirchen ist es längst nicht mehr. Die Ablösung der Sexual-, Ehe- und Familienethik von der Klarheit der Heiligen Schrift und der Siegeszug der Schwulen- und Lesbenbewegung durch evangelische Kirchen war nur möglich, weil der Protestantismus bisher keine Theologie des Leibes bieten konnte, die den Strukturen der Schöpfung in trinitarischer Perspektive gerecht wird. Hier gilt es von Papst Johannes Paul II. zu lernen, der diese Theologie des Leibes prophetisch gegen den „gnostischen" Libertinismus unserer Zeit gestellt hat.

Roms Ethik des Lebens

Mindestens 8 Millionen Kinder wurden seit 1975 bei uns im Mutterleib getötet. Dietrich Bonhoeffer nennt Abtreibung in seiner Ethik rücksichtslos Mord. Bei 8 Millionen oder mehr handelt es sich um gesellschaftlich legitimierten Massenmord. Der evangelische Beratungsschein ist eine Tötungslizenz. Auch in dieser Situation auf Leben und Tod hat der Papst eindeutig gehandelt und das Ausstellen dieser Tötungslizenz in der katholischen Kirche untersagt. Die evangelische Kirche dagegen hat sich auch hier schwach und losgelöst von der Klarheit der Heiligen Schrift dem Zeitgeist gebeugt. In Nordelbien waren es wieder vor allem die Feministinnen, die Raum für den Schein schufen. Die Bereitschaft der katholischen Hierarchie, die lebensdienlichen Werte Gottes trotz vielfältigem eigenem Versagen gegen die geballte Übermacht postmodernen Geistes in Politik, Medien und gelebtem Mainstream zu proklamieren, wird für Christen in sich zersetzenden Landeskirchen zunehmend zur Orientierungshilfe, aber auch zur irritierenden Versuchung: Dort ist „Petrus".

Der real existierende Protestantismus ohne Mitte

Bischof Huber, zweifellos ein intellektueller Glücksfall unter protestantischen Kirchenleitern, sah vermutlich sehr deutlich die spirituellen und theologischen Verwesungsmerkmale des Mainstream-Protestantismus, als er von der Selbstsäkularisation der evangelischen Kirche sprach. Diese hat ihre Wurzel in der Aufklärung, als der Mensch dem Dreieinigen Gott der Bibel das Wort entzog, um selbst das Wort zu nehmen. Gottes Wort wurde Text des Menschen. Das biblische „so spricht der Herr" verwandelte sich in ein vieldeutiges „das haben Menschen wahrgenommen". Auf diesem Fundament ist im Protestantismus niemand wirklich gewillt und imstande, biblische Grenzen zu ziehen. Der Streit über das sühnende Sterben Jesu oder die Pervertierung der biblischen Sexualethik belegen dies. Entstanden ist im landeskirchlichen Protestantismus ein fast grenzenloser Spielraum wabernden, fast beliebig offenen Glaubens und eine Diskurskultur ohne bindende Mitte. Dieser Verwesungsgeruch in der Kirche, die Luther einst radikal auf Christus konzentrierte, um den Glaubenden die Gewißheit des Heils zu öffnen, ist für manchen ernsthaften Christen in der Schule Luthers eine machtvolle Versuchung zur Auswanderung in die Kirche Benedikts.

Die demokratische Pervertierung

Die Herrschaft des allgemeinen Priestertums aller Glaubenden anstelle des hierarchisch geordneten Amts hat sich als Sprengstoff erwiesen: Hunderte von evangelischen Kirchen mit oder ohne formuliertes Bekenntnis weltweit diskreditieren den Willen zu Einheit und Identität der einen Kirche Jesu Christi. Aus dem Priestertum aller Glaubenden folgt notwendig die Synodalverfassung evangelischer Kirchen, und diese erweist sich in selbstbestimmten demokratischen Gesellschaften längst als hilflos gegenüber dem Mißverständnis, Kirche sei von Gott demokratisch geordnet, in ihr bestimme und entscheide das mündige, das emanzipierte Kirchenvolk. Kirche ist jedoch nie Demokratie, sie ist Christokratie, Herrschaft Jesu Christi, der durch sein geistmächtiges biblisches Wort herrscht. Dies Mißverständnis ist die Voraussetzung

für die synodalen Entscheidungen, die das Wort Gottes herme-
neutisch raffiniert ausheben, das geistlich Abnorme zur Norma-
lität aufwerten und das von Gott Gedachte, Gewollte und Geordnete durch demokratische Mehrheitsentscheide relativieren. Der
weihepriesterlich geleitete Katholizismus erweist sich unter Lei-
tung des Papstes und der Bischöfe in der Postmoderne als Leucht-
turm der Orientierung, während weite Teile des landeskirchlichen
Protestantismus orientierungslos im zeitgeistbewegten Meer der
Postmoderne schwimmen, nachdem sie Luthers Überzeugung
von der Klarheit der Schrift (claritas scripturae) aufgeklärt ver-
spielt haben.

Warum nicht konvertieren?

Leider unterscheidet sich der deutsche Küng-Katholizismus,
der als Kirchenvolksbewegung weitverbreitet lautstark die öffentliche Meinung beherrscht, ganz wesentlich von dem, der sich in
Benedikt glaubend, betend und denkend verkörpert. Exemplarisch unterläuft Donum Vitae mit Raffinement die klare Ethik des
Papstes. Oder der gerade von den deutschen Bischöfen begonne-
ne Dialogprozess offenbart diese Diskrepanz ebenso wie vorher
schon das liberale Reform-Memorandum, das mehr als 240 Professoren und Professorinnen der katholischen Theologie – also die
Mehrheit der theologischen Elite – aus dem deutschen Sprach-
raum unterzeichnet haben. Die am häufigsten genannten Forderungen der Delegierten des Dialogprozesses betreffen nicht die
Neu-Evangelisierung unserer entchristlichten Gesellschaft, sondern die Priesterehe, die Rehabilitierung wiederverheirateter Geschiedener, die Gleichberechtigung der Frau, die Zulassung von
Frauen zu Weiheämtern und zur Gemeindeleitung, die Demokra-
tisierung der Kirche, oder die Akzeptanz homosexueller Partnerschaften. Die Forderungen des Dialogprozesses sind deckungs-

gleich mit denen der Professoren. In den 37 Reformvorschlägen aus Mannheim, die im Internet veröffentlicht wurden, kommt der Name Jesu nicht vor. Also dasselbe Bild wie im synodalen Protestantismus. Weite Teile des deutschen Katholizismus sehen ganz offenbar das Heil in der Assimilation an den Protestantismus und riechen dessen Verwesungsgeruch nicht. Sie sind selbst längst infiziert. Also bei aller Faszination: Angesichts der Realität käme ich, wollte ich konvertieren, vom Regen in die Traufe.

Bekenntnis-Ökumene in Christus

Es gibt Gott sei Dank selbst in lutherischen Landeskirchen noch Gemeinden, in denen Gott sich feiern läßt. Und wir haben in den Bekenntnisschriften auf rund 1100 Seiten eine eiserne Ration des Glaubens, mit der wir Christen leben können. Martin Luther lehrt uns, die Eucharistie in heiliger Ehrfurcht und himmlischer Freude zu feiern. Luthers Tradition eröffnet zwar nicht die globale Weite der Kirche Benedikts, aber wo lutherische Kirche diese authentisch lebt, da entsteht nie provinzielle Armseligkeit. Sie lebt konzentriert aus dem Reichtum Christi, „in dem die ganze Fülle der Gottheit leibhaftig wohnt." (Kol 2,9). Martin Luther bleibt ein geistvoller Lehrer heilsgewissen Glaubens. Auch bei uns begegne ich in 500 Jahren lutherischer Glaubensgeschichte hinreißenden Zeugen Jesu Christi. Gott hat in dieser Kirche eine Wirklichkeit des glaubenden Singens erzeugt, das selbst Analphabeten offen steht. Wunderbare Choräle in der Tradition Luthers sind Mutmacher und Tröster für Zeit und Ewigkeit. Christus lebt in ihnen. Bach, der „fünfte Evangelist", lebte und schuf sein Werk des Glaubens in der Kirche Luthers. Und wie Jesus den verwesenden Lazarus aus dem Tod ins Leben zurück zu holen vermochte, so kann er dies Wunder auch an evangelischen Kirchen wirken, und das sogar in Deutschland.

Heilende Wirklichkeit zeigt sich gegenwärtig in einer sich in Solowjews eschatologischer Perspektive bildenden Bekenntnis-Ökumene, in der sich orthodoxe, katholische, lutherische, anglikanische, und Christen aus vielen anderen Denominationen sammeln. Wir lernen von einander. Die gemeinsame Erfahrung ist, daß der Druck auf Christen in aller Welt zunimmt. Nie gab es so viele Märtyrer wie in der Gegenwart, aber in ihren Erfahrungen begegnet der Dominus Jesus realer, der Hunger nach der Eucharistie nimmt zu, und die Anbetung gewinnt an Tiefe.

5 GOTTES LEIBHAFTIGE LIEBE:
EHE, FAMILIE UND ANDERE LEBENSFORMEN

Adam + Eva = der Mensch Gottes

Mann und Frau, männlich und weiblich, Adam und Eva, geschlechtlich eindeutig unterschieden, in ihrem Wesen sehr verschieden, und doch unausweichlich gemeinschaftsbezogen und liebesfähig „ein Fleisch" in Leib, Geist und Seele umfassender Einheit. Beide von Gott auf Ergänzung angelegt, geschaffen zur Ehe, die sehr tief das Verhältnis zwischen Gott und Mensch abbilden kann. Es gibt keine Weitergabe ganzheitlichen Lebens ohne

Abbildung 5.1: Adam und Eva im Paradies vor dem Sündenfall

diese polare Spannung von männlich und weiblich. Gott hat ein Menschenbild, und das war nie bisexuell – so die Vermutung von Sigmund Freud; und nie androgyn – Platon hat diesen Mythos einst verbreitet – heute feiert er in manchen Kreisen fröhliche Urstände. Homosexualität war in diesem Menschenbild Gottes nicht angelegt; sie entstand, selbst wo der Mensch sie als Schicksal erfährt, im Machtbereich der Sünde. Der Mensch ist Mann und Frau von Anfang an. Gott schuf ihn so. Martin Buber übersetzt: „Gott schuf den Menschen in seinem Bilde, im Bilde Gottes schuf er ihn, männlich, weiblich schuf er sie" (1.Mose 1,27).

Das biblische Menschenbild ist unerschöpflich reich durch eine kreative Spannung, die Liebe in die Tiefe und Weite ausgreifen läßt. Liebe weitet sich auf das Fremde hin und schließt am Ende hochgespannt heilend und versöhnend auch den Feind nicht aus. Die Beziehung von Mann und Frau mit dem Ziel, ein Fleisch zu werden, ist Gottes einzigartige Liebesschule, in der Menschen das Lieben lernen mit Leib, Geist und Seele. Hier verwirklicht der Mensch den Auftrag, elementar Teil zu haben an Gottes Kreativität, indem er in Kindern Leben weitergibt und diese liebend einführt in die Lebensformen, die den Menschen Heimat, Schutz und Wegweisung gewähren. Solche von Gott gestifteten Lebensformen sind Ehe und Familie, vertrauendes Glauben und berufliches Gestalten. Dies ist ein elementar wichtiger Aspekt des christlichen Menschenbildes. Streicht man ihn, zerstört man das Menschenbild, nach dem Gott den Menschen schuf.

Gott hat Maß genommen an sich selbst, als er den Menschen ins Leben rief. Das verleiht dem Menschen die unverlierbare Würde. Gott ist kein monolithischer Götze, er lebt „in sich selbst ewige liebende Beziehung zwischen drei Personen, die völlig eines Wesens sind". Sein Wesen ist schöpferische Liebe in Beziehung: Ewig liebt der Vater den Sohn, der Sohn den Vater, und beide sind vereint in der personalen Macht des Heiligen Geistes: Ein Gott. Gottes Liebe bespiegelt nicht narzißtisch sich selbst, sie umfängt in schöpferischer Spannung das Unterschiedene, ja, selbst das Fremde. In dieser Liebe schuf Gott die Welt und mit höchstem Risiko den Menschen, und den als Mann und Frau. Als Bild dieses dreieinigen Gottes, der seinem Wesen nach beziehungsreiche Liebe ist, lebt der Mensch in der Polarität von Mann und Frau, beide gleicher Würde und gleichen Wertes. Der Mensch lebt von der Schöpferkraft des Gottes, der in unendlicher Vielfalt Leben gestaltet.

Das unser Leben schützende biblische Menschenbild, das mehr als ein Jahrtausend Europa tief geprägt und humanisiert hat, ist in der säkularisierten westlichen Welt in Fragmente zerbrochen, nachdem der Mensch zuerst verzweifelt, dann hochgemut die glaubende Bindung an Gott preisgegeben hatte. Aus den Splittern des christlichen Menschenbildes sucht der Mensch, der sich in gottloser Anmaßung neu zu erfinden trachtet, heraus, was ihm brauchbar erscheint, und kombiniert es mit den Einfällen und Bildern, die aus seiner Fantasie kommen. Der Mensch ist, wie Calvin einmal sagte, eine unablässig produzierende Bilderfabrik. Das aber hat unheimliche Folgen. Die Gender-Ideologen beispielsweise versuchen den Menschen von seinen natürlichen, durch Gott in der Biologie fixierten Fundamenten abzulösen – sozialkulturell durch Bewußtseins-Manipulation, physiologisch durch medizinisch-technische Eingriffe: Aus Männern konstruiert man Frauen, wenn es beliebt, aus Frauen werden Männer. Und durch die Mittel der Rechtsetzung schützt man diese Identitäts-Konstrukte des homo faber, der Gottes Schöpfung usurpiert und damit tief schädigt. Denaturalisierung nennen die Ideologen diesen Vorgang. Das schreckliche Ergebnis können nur gebrochene, chimärenhafte Identitäten sein. Die das Leben hütende und Zukunft gewährende heterosexuelle Norm wird um einer morbiden Priorisierung von Minderheiten willen aufgelöst. Die Konstruktion sexueller Identitäten, was immer das ist, soll nach dem Willen von Sozialdemokraten und Grünen sogar unter den Schutz des Grundgesetzes gestellt werden. Dieser Angriff auf das christliche Menschenbild kann Christen nicht unberührt lassen. Allerdings sind auch die evangelischen Volkskirchen in ihrem Leitungspersonal weithin diesem soziokulturellen Konstruktionswahn verfallen.

Gottes „Ehe" als die natürliche, Zukunft eröffnende Lebensform der Geschlechter ist durch die Gleichstellung homosexueller Lebenspartnerschaften und die Ehe für alle relativiert. Die einst in der Frankfurter Schule als Ursprungsort des autoritären Charakters und Quelle des Nazi-Unheils diffamierte Familie, welche die Generationenfolge von Eltern, Kindern und Enkeln umfaßt, löst sich auf. Längst ist ihr der Schutz des Normativen entzogen. Diese lebensgefährliche Entwicklung ist in Kirche und Gesellschaft nur da möglich, wo Gott das Wort entzogen ist. Der Mensch, herausgelöst aus der leiblichen Natur, wird zum Irrläufer, und man läßt ihn laufen.

Der Streit um Fundamente und Ziele

Was steht auf dem Spiel?

Die evangelische Kirche wird seit langem zerrissen durch den Streit um die Autorität der Heiligen Schrift.[48] Diese Auseinandersetzung bedroht ihr Leben. Bei der Suche nach den Verheißungen und Weisungen der Heiligen Schrift und ihrer Autorität hilft weder ein naiver exegetischer Fundamentalismus, noch auf der anderen Seite ein ebenso naiver hermeneutischer Liberalismus. In jedem Fall ist die Heilige Schrift weder unhistorisch, noch unkritisch[49] auszulegen. Der Inkarnationsglaube zwingt zur historischen Untersuchung und zur Unterscheidung. Entscheidend ist allerdings, woher die Kritik ihre Maßstäbe gewinnt. Hier liegen Gottes Geist und die „aufgeklärte" Vernunft des Menschen unvermeidbar im Streit. Gilt Luthers schriftgebundene Auslegung des 3. Artikels, so wird die Schrift in der Kraft des Heiligen Geistes unversehens zur Kritikerin des Auslegers und zeigt ihre eigene Klarheit.[50]

Was auf dem Spiel steht, zeigt der dogmatische Satz Herbert Engels am Ende seines Überblicks über kirchliche Stellungnahmen zur Homosexualität: „Die historisch-kritische Bibelinterpretation, welche die theologische Ethik zu einer veränderten Bewertung der Homosexualität geführt hat, muß konsequenterweise in Zukunft auch zur Grundlage einer Interpretation der biblischen Texte über Partnerschaft und Ehe gemacht werden. Eine Entmythologisierung der ‚Ehe' ist längst überfällig."[51]

Hier wird von der Kirche erwartet:[52]

• eine Revolution der christlichen Ehe-Ethik;[53]
• der Bruch mit dem immer noch für die meisten Christen und Kirchen in der gegenwärtigen Ökumene verbindlichen, zwei Jahrtausende alten Konsens;
• eine grundsätzliche Preisgabe der normensetzenden Autorität der Heiligen Schrift;
• die undifferenzierte und unkritische Solidarität mit den Lobbyisten der „Erniedrigten und Beleidigten" überall auf der Welt im Zuge oft naiver, theologisch falsch zentrierter Befreiungstheologien.

Drei Problemkreise – randvoll gefüllt mit theologischem und emotionalem Sprengstoff – zwingen innerhalb der evangelischen Kirche zur Klärung:

• In welcher Beziehung stehen Ehe und Sexualität zueinander?
• Wie leben Christen in welchen Lebensformen ?
• Wie verhalten sich für den Christen Beziehungsqualität und Beziehungsform?[54]

Sexualität: Die Situation in der Gesellschaft

Die Situation ist gekennzeichnet durch die Folgen der sexuellen Revolution der 60er Jahre.[55] Begriff und Programm wurden in den 20er Jahren des vorigen Jahrhunderts von Wilhelm Reich formuliert.[56] Stellvertretend für viele stand in der 68er Bewegung Arno Plack. Er nennt die Ehe das Grab der Liebe und fordert „eine unbedingte sexuelle Freiheit."[57] Der lutherische Theologe Wannenwetsch macht unter dem auf die Spitze getriebenen Schlagwort „die kondomierte Moral" sarkastisch-provokativ und gewiß stark vereinfachend darauf aufmerksam, daß die Sexualmoraldebatte – für ihn dokumentiert durch die regierungsamtliche Kondom-Aufklärung – gegenwärtig auf das Problem reduziert werde: „Welchen Geschlechts auch immer die Partner seien, wie häufig sie auch immer wechseln mögen: Hauptsache kondomiert." „Von öffentlicher Bedeutung, so scheint es, sind in dieser Frage eben nur die beiden Menschenrechte auf sexuelle Entfaltung der Persönlichkeit und auf körperliche Unversehrtheit. Indem es beide vermittelt, spielt das Kondom eine entscheidende Rolle für die Moral."[58] Sexualwissenschaftler bezeichnen die gegenwärtige Situation als unverändertes Elend unter veränderten Bedingungen.[59]

Folgende kritikwürdige Merkmale lassen sich feststellen:[60]

• Sexualität wird gehäuft tendentiell apersonal ausgelebt und auf den Genitalbereich reduziert;[61]
• die Freizügigkeit verbindet sich mit einem Druck zur Promiskuität;[62] in diesem Zusammenhang sprach der Rat der EKD 1964 noch von der Diktatur der Unanständigkeit.
• Die Ehe wird inzwischen häufig nichtchristlich als auflösbares Vertragsverhältnis verstanden[63] und durch freie Lebensgemeinschaften (Ehen ohne Trauschein) in Frage gestellt.
• Sie wird bisweilen als Zwangsmonogamie, Leibeigenschaft oder vordemokratische Feudalstruktur diffamiert, um den Spielraum für freie Formen sexuellen Lebens zu legitimieren.

Gegenläufig dazu lassen sich humanisierende und personalisierende Tendenzen zeigen:

• Mehr Ehrlichkeit im Sexualverhalten;
• ein unverklemmtes Verhältnis zur Sexualität als Ausdruck der Leiblichkeit des Menschen;
• Partnerwahl aus freier Liebe; durch die gesellschaftliche Mobilität erheblich erweiterte Möglichkeiten, passende Partner zu finden;
• Heiratsmöglichkeiten für jeden, der will;
• Partnerschaft und Liebe in gewisser Weise als Selbstzweck der Ehe – durch die moderne Verhütungstechnologie unabhängig von der Bereitschaft zu Kindern.[64]

Es zeigt sich also ein widersprüchliches Bild: einerseits eine breite Scheu vor der öffentlich festgestellten Bindung, eine weitverbreitete, auf Lustmaximierung ausgerichtete Konsumentenmentalität und eine nicht unerhebliche Neigung zu sogenannten Lebensabschnittspartnerschaften. Durch die Unterscheidung von Beziehungsqualität und Beziehungsform versucht man eine Flexibilisierung der Lebensformen auf Kosten der Gesamtverbindlichkeit zu gewinnen.[65]

> Der gleichsam theologische Trick, der die Öffnung der Ehe in eine Fülle von Lebensformen plausibel zu machen scheint, besteht darin, daß der Zusammenhang von Beziehungsqualität und Beziehungsform, wie er sich in der Bibel im Laufe der Erfahrungsgeschichte des Glaubens im Hören auf Gott ausgeprägt hat, individualisierend in existentialistischer Manier aufgelöst wird. Die abstrakte Qualität wird auf diese Weise frei, sich spielend experimentierend eine fast beliebige Form zu schaffen. Für die Bibel verleiblicht sich die Qualität in der Form. Beide verdanken sich dem Hören auf Gott. Der befreienden Erwählung in der Geschichte entspricht in der Bibel die Bindung durch das konkrete Gebot. Dieses hat seinen Orientierungspunkt in Gott und erst dann im Menschen.[66]

Andererseits zeigen auch viele nichteheliche Lebensgemeinschaften eine nicht unbeträchtliche Stabilität, sind von dem Bedürfnis bestimmt, in Aufrichtigkeit zu leben.

Zahlen und Trends: Die heutige Familie in der Sicht der Sozialwissenschaften

> In den fünfziger und sechziger Jahren war die Familie als Lebensmodell fast überall anerkannt und gewollt.[67]

• In der vorindustriellen Gesellschaft war Familie vornehmlich eine Arbeits- und Wirtschaftsgemeinschaft. Männer und Frauen, Alte und Junge hatten darin ihren Platz und ihre Aufgabe. Was sie taten, war einem gemeinsamen Ziel unterstellt. Für persönliche Gefühle und Neigungen blieb wenig Raum. Die Familie war Notgemeinschaft, zusammengehalten durch den Zwang zur Solidarität.[68]

• Mit der Industrialisierung erlosch weithin die Funktion der Wirtschaftsgemeinschaft. Frauen und Kinder fanden ihren Platz im Privatraum, der Mann im Erwerbsleben. Es ergab sich dabei eine neue Struktur der wechselseitigen Abhängigkeit: Die Frau wurde abhängig vom Verdienst ihres Mannes, der Mann brauchte ihre Versorgungstätigkeit.

• Der Beginn sozialstaatlichen Denkens veränderte die Bedeutung der Familie weiter. Durch kollektive Unterstützungsleistungen entsteht die Sicherung eines Existenzminimums jenseits der Familie, das Freiheit von der Familie schafft.

• Der nächste wichtige Abschnitt ist bestimmt durch die Veränderung der Frauenrolle. Bildung, Beruf, Familienzyklus und Veränderung des Rechtssystems lösen Frauen mindestens teilweise aus der Familie und veranlassen sie zur Entwicklung von eigenen Erwartungen, Wünschen und Lebensplänen, die nicht mehr auf die Familie bezogen sind.[69]

Die Emanzipationsbewegungen der Studenten und Frauen unterminierten in ihrem Aufstand gegen die traditionellen Strukturen die Fundamente der weitgehenden Akzeptanz.[70] Von Seiten radikaler Antagonisten wurde die Familie diffamiert als Ideologie und Gefängnis, als Ort alltäglicher Gewalt und Unterdrückung.[71] Das rief eine Bewegung zur Rettung der traditionellen Familie auf das Schlachtfeld, und es begann der Krieg um die Familie.

Im Verlauf dieser Prozesse hat die Familie eine erhebliche Stabilität gezeigt. Elisabeth Beck-Gernsheim kommt mit anderen zu dem Ergebnis, daß sich die Familie nicht auflöst, wohl aber eine historisch neue Gestalt gewinnt: Der Trend zur Individualisierung gewinnt auch die Herrschaft über die bestehende Familie – aus der Notgemeinschaft wird die Wahlverwandtschaft.[72] Individualisierung[73] versteht sie als einen „historischen Prozeß, der den traditionellen Lebensrhythmus... – (die) Normalbiographie – zunehmend in Frage stellt, ja tendenziell auflöst.

In der Folge müssen immer mehr Menschen ihre Biographie selbst herstellen, inszenieren, zusammenbasteln... Aus Normalbiographie wird Bastelbiographie."[74]

Folgende Gesichtspunkte fallen ins Auge:

• Die ursprüngliche Generationenfolge von Großeltern, Eltern, Kindern finden wir kaum noch in Lebens- und Wohngemeinschaften vereint.
• Um die exzentrischen Einzelbiographien auf die Familie zu zentrieren, bedarf es eines immer höheren Ausmaßes an Abstimmung. Familie wurde zum Kleinunternehmen, dessen Aktivitäten geplant, organisiert und delegiert werden müssen.[75] Die Familienmitglieder verleben ihren Alltag weitgehend nicht mehr an einem Ort und zu einer Zeit.
• Die Partnerwahl erfolgt heute nicht mehr durchgehend auf der Grundlage eines gemeinsamen Fundaments von Erfahrungen, Werthaltungen und Lebensweisen. „Die Ehe ist in unserer Gesellschaft ein dramatischer Vorgang, bei dem zwei Fremde aufeinandertreffen und sich neu definieren... "[76]

Auch hier sind die Zahlenspiele sorgfältig und umsichtig zu treiben. Als einigermaßen gesichert gilt:

• Die Heiratsneigung ist in den letzten 20 Jahren zurückgegangen, die Lebensform der Ledigen tritt in erhebliche Konkurrenz zur Ehe. Die Single-Form ist in urbanen Zentren für Menschen zwischen 25 und 45 Jahren zu einer typischen Lebensform geworden.
• Zwei Drittel der Singles gaben in einer Befragung allerdings an, länger als 1 Jahr mit einem Partner zusammenzuleben. Ein-Personen-Haushalt und Ledigsein bedeuten also nicht Verzicht auf Partnerschaft, sondern die Lebensform des „living apart together". D. h.: Neben Ehe und Familie hat sich eine eigenständige Lebensform mit typischen Partnerschaftsbeziehungen etabliert, die wahrscheinlich nicht mehr nur eine Vorphase zur Ehe darstellt.
• Alternative Lebensformen wie nichteheliche Lebensgemeinschaften haben zugenommen. 2014 wurden 17,5 Millionen Ehepaare und 2,9 Mill

gemischt oder gleichgeschlechtliche Lebensgemeinschaften in Deutschland gezählt. Durch die egalisierende „Ehe für alle" wird die für Kinder offene, also Zukunft eröffnende heterosexuelle Ehe allerdings zum Muster ohne Wert.

• Die Zahl der Alleinerziehenden mit Kindern hat sich zwischen 2005 und 2015 nicht mehr wesentlich erhöht. Es waren 2015: 2.331.000 Mütter und 409.000 Väter. 2010 waren es 19 % von 8,1 Millionen Familien mit minderjährigen Kindern[77]

Theologische Kriterien

[78] Durch die Heilige Schrift schenkt Gott der Kirche die Maßstäbe für alle Fragen des Glaubens und des Lebensstils. Verliert die evangelische Kirche die Autorität der Heiligen Schrift, dann verliert sie ihr Fundament und hört auf, Kirche zu sein. Dies hat die Barmer Theologische Erklärung 1934 unüberbietbar scharf bekannt:

„Jesus Christus, wie er uns in der Heiligen Schrift bezeugt wird, ist das eine Wort Gottes, das wir zu hören, dem wir im Leben und im Sterben zu vertrauen und zu gehorchen haben. Wir verwerfen die falsche Lehre, als könne und müsse die Kirche als Quelle ihrer Verkündigung außer und neben diesem einen Worte Gottes auch noch andere Ereignisse und Mächte, Gestalten und Wahrheiten als Gottes Offenbarung anerkennen." (Barmen I)

„Wir verwerfen die falsche Lehre, als könne die Kirche in menschlicher Selbstherrlichkeit das Wort und Werk des Herrn in den Dienst irgendwelcher eigenmächtig gewählter Wünsche, Zwecke und Pläne stellen" (Barmen VI)

„Wir verwerfen die falsche Lehre, als dürfe die Kirche die Gestalt ihrer Botschaft und ihrer Ordnung ihrem Belieben oder dem Wechsel der jeweils herrschenden weltanschaulichen und politischen Überzeugungen überlassen." (Barmen III)

Menschen hören Gottes Wort im Raum der Welterfahrung. Welterfahrung aber darf wegen der Sünde nie zum theologischen Schlüssel für das Wort Gottes werden. Beide sind auch nicht gleichrangig im Erkenntnisprozeß. Gottes Wort steht in der Kraft des Heiligen Geistes immer kritisch-provokativ zur Welterfahrung und den soziokulturell bedingten Wert- und Sinnsetzungen der jeweiligen Zeit. Jeder Versuch, die Schriftautorität im Hinblick auf Glaube und Lebensstil durch Normen und Lebensformen, die sich in der Gesellschaft herausgebildet haben, zu relativieren, verkennt die destruktive Sogkraft der Sünde. Genau dies ist in einem das Leben der Kirche bedrohenden Ausmaß geschehen. So beschwört beispielsweise Manfred Josuttis[79] die befruchtende Zusammengehörigkeit von Sexualität und Religion, aber dieser Versuch, die Religion durch die Sexualität sinnlich vital aufzuladen und zu dynamisieren, ist zum Scheitern verurteilt. Josuttis verführt zur Hoffnung, der Mensch könne sich orgastisch zu Gott aufschwingen, ohne durch den radikalen Bruch von Kreuz und Auferstehung Jesu versöhnt zu sein. Das ist hinduistischer Tantrismus, aber nicht biblischer Glaube. Der Sozialwissenschaftler Georg Kamphausen beschreibt die babylonische Gefangenschaft vieler gegenwärtiger, theologisch reflektierter Glaubensweisen im Zuchthaus der Sozialwissenschaften: Aus der Königin der Wissenschaften ist die Magd der Soziologie geworden.[80] Erst im Schutz des Vorrangs der Heiligen Schrift gewinnt die Bestimmung des Beziehungsfeldes für das Gewinnen ethischer Urteile ihre freisetzende Kraft: Gottes Wort – die jeweilige Situation – das Gewissen.

Das Urchristentum verstand sich im Namen Jesu als Kontrastgesellschaft[81] und lebte in der Kraft kontrafaktischen Glaubens. Dieser kontrafaktische Glaube, durch den der Heilige Geist die Wirklichkeit charismatisch verwandelte[82], setzte auch einen neuen Lebensstil frei, der alle Bereiche sozialen und individuellen Lebens einschließt - auch die Ehe und die Sexualität.[83] Gegenwärtig sind die Impulse zur weitgehenden Veränderung der Ehe- und Sexualethik von außen an die Kirche herangetragen, werden aber in der Kirche widerstandslos aufgenommen und durchgesetzt, und das ohne ernsthafte Prüfung, ob sie konstruktiv oder destruktiv sind. Hier soll wieder einmal ein Adaptionsprozeß stattfinden, der den Kontrast der biblischen Leitlinien zum gesellschaftlich gelebten Lebensstil in Konformität verwandelt. Die Kirche soll legitimierend segnen, was Meinung machende Gruppen der Gesellschaft wünschen. Es war von vornherein die strukturbedingte Gefährdung der Volkskirche, am Ende dem Anpassungsdruck aus der Gesellschaft zu erliegen, anstatt die Gesellschaft im Horizont der kommenden Gottesherrschaft bekehrend zu prägen. Das Urchristentum dagegen entfaltete seine missionarische Kraft nicht durch Anpassungsprozesse hinsichtlich der Heilsindikative und der Lebensstilimperative, sondern durch das Kontrastprogramm zu dem, was in der Gesellschaft gang und gäbe war.[84]

Die Schrift, die das Kontrastprogramm gestaltet, begegnet als Autorität nicht einlinig oder flächig, sondern in der gespannten Doppelgestalt von Gesetz und Evangelium.[85] Sie zwingt zur Unterscheidung. Nur im Schutz dieser Unterscheidung kann die heute mehr denn je drohende Gefahr der Moralisierung des befreienden und Lebensformen gewährenden Glaubens abgewehrt werden.[86] Die Moralisierung des Glaubens kommt sowohl aus einem die lebendige Bibel versteinernden Fundamentalismus wie aus der liberalen Theologie. Hier sind u.a. die verschiedenen Befreiungs- und Emanzipationstheologien zu nennen.

Von Anfang an hatte die Kirche die Aufgabe, zwischen Wahrheit und Lüge zu unterscheiden, zu bekennen und zu verwerfen, inklusiv und exklusiv, in Evangelium und Gesetz zu reden.[87] Verweigert die Kirche das Verwerfen, dann verwandelt sie das Evangelium in die billige Gnade und verführt die Menschen zur Gottlosigkeit. Dies aber hat auch im Bereich von Ehe, Familie und Lebensformen soteriologische Bedeutung. Die – inzwischen in der gestalteten Wirklichkeit der Kirche - weitgehend erfolgte faktische Auflösung der Predigt in den Dialog[88] – in Deutschland vor allem Folge der in der Gesellschaft nicht bearbeiteten, geschichtlich bedingten Autoritätsproblematik – erschwert es der Kirche gegenwärtig schon vom Ansatz her, die kontrastierende, Normen setzende Autorität des Wortes Gottes zur Sprache zu bringen.[89]

Wo der Lebensstil aus Gottes Wort als Kontrastprogramm gestaltet wird, müssen wir um Gottes und der Menschen willen eindeutig zwischen seelsorglicher Solidarität und theologischer Wertung unterscheiden. Grundlegend ist dabei die reformatorische Unterscheidung von

Person und Werk. Weil der Mensch, für den die Rechtfertigung des Sünders nicht mehr erfahrener und gelebter Glaube ist, verzweifelt oder voll bewußt nicht Sünder sein will, neigt er dazu, in einem soteriologischen Salto mortale die Sünde statt des Sünders zu rechtfertigen. Dieser theologischen Perversion von Rechtfertigung entspringt in der weitgehend an die Gesellschaft adaptierten Volkskirche der Verzicht, zwischen Solidarität und Wertung zu unterscheiden.

Parzelliertes Denken: Die Scheidung von Beziehungsform und Beziehungsqualität

Ein häufig verwendetes Argumentationsmuster besteht darin, im Namen der Freiheit der Liebe die Beziehungsqualität von der Beziehungsform zu unterscheiden und aus der von der Form gelösten Qualität die ethische Norm zu gewinnen. Beziehungsform und Beziehungsqualität werden zu Recht unterschieden, aber zu Unrecht auseinandergerissen. Ein mehr oder weniger leerer Begriff von Liebe wird zum Maß aller Beziehungen, und die Form, die der Liebe ein schützendes Zuhause gibt, wird zur beliebigen Gestaltung freigegeben.

Fast durchgängig begegnet gegenwärtig diese Unterscheidung, wo man in der Kirche das Sexualität einschließende Zusammenleben von Menschen von den Lebensformen Ehe und Familie lösen will. Durch diese Unterscheidung versucht man, Freiraum für die Flexibilisierung der Lebensformen zu gewinnen. Der theologische Trick, der die Öffnung der Ehe in eine Fülle von Lebensformen plausibel zu machen scheint, besteht darin, daß der Zusammenhang von Beziehungsqualität und Beziehungsform, wie er sich in der Bibel im Laufe der Erfahrungsgeschichte des Glaubens im Hören auf Gott ausgeprägt hat, in gnostisierend existentialistischer Manier aufgelöst wird. Die abstrakte Qualität wird auf diese Weise frei, sich spielend experimentierend eine fast beliebige Form zu schaffen. Für die Bibel verleiblicht sich jedoch die Qualität in der Form. Beide im Verbund verdanken sich dem Hören auf Gott. Der befreienden Erwählung in der Geschichte entspricht in der Bibel die Bindung durch das konkrete Gebot. Dieses hat seinen Orientierungspunkt in Gott und erst dann im Menschen. Bei all diesen Befreiungsversuchen wird die inhaltlich zumeist nicht definierte, also wiederum offene Beziehungsqualität zum Mutterschoß für beliebige Beziehungsformen gemacht. Das ist deswegen kein Ausweg in die Formenfreiheit, weil zur menschlichen Liebe, die genitale Sexualität einschließt, wesentlich die Dauer und die Exklusivität gehören. Das entspricht der Liebe; das fordern die Kinder, die potentiell mit genitaler Sexualität verbunden sind; das ist vor allem Gottes Wille, wie er im Wort Gottes und in der Schöpfung vernehmbar wird. Dieser vermeintliche Sprung in die Freiheit vollzieht sich auf Kosten der Gesamtverbindlichkeit und zeigt theologiegeschichtlich betrachtet so etwas wie einen gnostischen Denk- und Erfahrungsansatz. Liebe, die Maß nimmt an der Liebe Gottes und aus der Kraft des Heiligen Geistes lebt, übernimmt die Verantwortung nicht nur für den Augenblick des Zusammenseins, sondern auch für die Zukunft des Geliebten, weil zu ihm nicht nur seine Gegenwart, sondern auch seine Zukunft und seine Vergangenheit gehört.[90] Liebe zielt immer in die Tiefe und Weite der Lebensgeschichten, vertikal und horizontal. Sie lebt im Raum der Geschichte und macht Geschichte.[91]

Die institutionelle Sicherung der Ehe wurde seit der Romantik zunehmend mehr aufgelöst. Das Gefühl wird seit der Romantik zur beherrschenden Kraft für die sexuell geprägte Beziehung von Mann und Frau. Perspektivische Mitte wird der Augenblick der Empfindung. Vergeht diese, dann verliert die Beziehung ihr Fundament. Damit wird die Beziehung allerdings in gefährlicher Weise labil. Die romantische Liebe wird nicht selten in einen Gegensatz zur Institution Ehe gestellt. Christen übernehmen diesen antiinstitutionellen Affekt nicht selten unreflektiert mit der Berufung auf die Freiheit und Spontaneität, die das Evangelium gewährt. Vor dem jüngsten Tag allerdings gibt es keine Liebe ohne adäquate Form, kein Evangelium ohne Gesetz, keine Freiheit ohne Zwang. Wer dem nicht Rechnung trägt, verfällt dem Antinomismus und hält der Wirklichkeit nicht Stand.[92] Das ist wirklichkeitsfremd und unbiblisch. Es handelt sich um einen schwärmerisch-enthusiastischen Denk- und Gestaltungsansatz, der in tiefem Gegensatz zur Theologie Luthers steht. Bei allen Unterschieden ist er verwandt mit dem enthusiastischen Schwärmertum der Reformationszeit.

Alle Versuche, gegenwärtig das verlorene Paradies der Freiheit zu-

rück zu erobern, indem zwischen Beziehungsqualität und Beziehungsform unterschieden wird, sind gekennzeichnet durch den Versuch, die
lutherische Spannung von Gesetz und Evangelium zugunsten eines
spannungslosen Evangeliums aufzulösen. Von Anfang an hatte die Kirche jedoch die Aufgabe, zwischen Wahrheit und Lüge zu unterscheiden,
zu bekennen und zu verwerfen, inklusiv und exklusiv, in Evangelium
und Gesetz zu reden. Diese Spannung wird auch aufgelöst, wo man den
Beziehungsformen auf der Ebene der Schöpfung utopisch schwärme-
nd die Beziehungsqualität im Horizont der angebrochenen Herrschaft
Gottes entgegenstellt. Beides fällt erst in der Ewigkeit in eins. Vor dem
jüngsten Tag bleibt die Beziehungsqualität gefährdet durch die Macht
der Sünde. Theologisch steht fest, daß Gott als Schöpfer treu zur Schöpfung mit ihren Regeln steht. Er hebt sie nicht auf, sondern erneuert sie
eschatologisch.

Liebe findet Ausdrucks- und Gestaltungsformen (Thesen)

• Christen sind allen Menschen – gleich welchen Glaubens und
welchen Lebensstils – das Zeugnis der Liebe Gottes in Wort und Tat
schuldig. Niemand ist von Gottes liebender Zuwendung ausgeschlos-
sen. Glaube und Liebe der Christen gestalten vielfältige Lebensentwürfe
in Familie und Beruf, in Kirche und Gesellschaft. Christen teilen Glaube
und Liebe in Verkündigung, Seelsorge und Diakonie. Sie werden
nie etwas anderes als gerechtfertigte Sünder, die aus der glaubend
ergriffenen Gnade leben. Das verbietet ihnen die Disqualifizierung von
Menschen aufgrund von moralischen Wertesystemen. Die reformatorische Unterscheidung von Person und Werk hält die Christen in der
Solidarität mit den Sündern, auch wenn Christen sich im Namen Gottes
gegen die Sünde stellen.

• Christen haben unter der Aufgabe, Ehe zu leben, oft versagt. Daß
aus der „neutestamentlichen" Ehe, die in der Kraft des Heiligen Geistes
eine in Freiheit gelebte, kreative Beziehung möglich machte, nicht
selten die Karikatur der pervertierten sogenannten bürgerlichen Ehe
wurde, hat zum antiinstitutionellen Affekt der Romantik hinsichtlich

der Ehe nicht unwesentlich beigetragen.[93] Die destruktive Macht
dieser Negativtraditionen prägt die Lebenspraxis vieler gegenwärtiger
Menschen. Christen haben in Familie und Gesellschaft oft die Lust zur
Ehe zerstört. Zweifellos sind Christen aber auch schuldig geworden
an Menschen, deren Lebensstil den Geboten der Heiligen Schrift
nicht gerecht wird oder die zu Minderheiten gehörten. Auch Christen
haben beispielsweise zugelassen, daß Menschen mit homosexueller
Neigung als Personen diffamiert und verfolgt wurden. Auch durch
die Lieblosigkeit von Christen wurde tiefes Leid über Menschen mit
einem nicht der Mehrheit entsprechenden Lebensstil gebracht. Auch
hier tragen Christen an einer Schuldgeschichte.

• Christen leben unter dem Auftrag, das Evangelium von Gottes ver-
söhnender Liebe, ihre seelsorgliche und diakonische Zuwendung allen
Menschen unter allen Umständen zu bieten: Menschen in der Ehe, Al-
leinstehenden, Geschiedenen, Verwitweten, Menschen mit homosexueller oder lesbischer Neigung. Zu diesem Ausdruck von Solidarität gehört
auch, mit ihnen zusammen nach dem Willen Gottes für die Gestaltung
des Lebens zu suchen. Bei dieser Suche zeigen sich Leitlinien, in denen
wir Bedingungen für ein Leben sehen, das nach Gottes Willen gelin-
gen soll. Christen gestalten ihr Leben im Kraftfeld des heiligen Geistes,
der im Namen Jesu Christi beschädigtes Leben heilt, Glauben an Gottes Vergebung schenkt und Kraft gibt, im Horizont der Gottesherrschaft
mit Defiziten wie der homosexuellen Orientierung zu leben, die radikal
überwunden werden, wenn bei Jesu Wiederkunft die Toten auferstehen.

Familie, Ehe und andere Lebensformen

1. Die Ehe im Kraftfeld des Heiligen Geistes: „ein Fleisch" in ge-
spannter Polarität

In der Bibel zeigt sich eine Entwicklung. Auf der soziologisch beschreib-
baren Ebene finden wir im Alten Testament polygame neben monoga-
men Gestaltungen ehelichen Lebens. Theologisch aber entsteht ein er-
heblicher Gefälledruck in Richtung auf die Monogamie – sowohl von

Seiten der Schöpfungsgeschichte[94], aber auch noch kraftvoller durch die Anwendung der Ehemetaphorik auf das Verhältnis des Bundes zwischen Gott und seinem Volk.

Ein eigenes Wort für die Institution der Ehe kennt das AT noch nicht.[95] Nach 1.Mose 1,27 sind die Menschen Bild Gottes, indem sie liebevoll als Mann und Frau miteinander eins sind.[96] 1.Mose 2,24 wird diese Einheit durch den Ausdruck „ein-Fleisch-sein" beschrieben.[97] Dieser Ausdruck meint zwar unmittelbar die leibliche Gemeinschaft, schließt in sich aber im Sinne der Leitaussage „eine Hilfe, die ihm entspricht" einen erheblich größeren Bedeutungsumfang.[98] In der ehelichen Beziehung von Mann und Frau ist das Liebesverhältnis so wichtig, daß es selbst in Rechtstexten noch reflektiert wird.[99] Der Sinn der Ehe wird durchaus nicht nur in der Geburt von Kindern gesehen.[100] Auch gewinnt die Ehe durch die Vorstellung, daß der Mann aus seinem Herkommen auswandert, um sich an seine Frau zu kleben in 1.Mose 2,24 eine immens gewichtige Eigenbedeutung, die sich abhebt von der Institution der Familie in horizontaler und vertikaler Erstreckung. 1.Mose 2,18-23 wird die Liebe zwischen Mann und Frau als Ich-Du-Beziehung und Sprachereignis begriffen.[101] Liebend kann auch die Frau die Initiative ergreifen: Michal verliebt sich in David (1.Sam 18,20).

Das Neue Testament bietet zwar keine ausgeformte Ehetheologie[102], das Wort „Ehe" begegnet jedoch Hebr 13,4:

„Die Ehe soll in Ehren gehalten werden bei allen und das Ehebett unbefleckt; denn die Unzüchtigen und die Ehebrecher wird Gott richten."[103]

Und es lassen sich durchaus Grundlinien zeichnen, die den Raum abstecken, innerhalb dessen Christen Sexualität leben sollen. Die monogame Ehe ist die ausnahmslose Norm: Es „... werden die zwei ein einziger Leib sein" (Mt 19,5). Nicht nur im AT, auch im Judentum finden wir eine rigorose Tendenz zur Einehe.[104] Die Tendenz der implizit zugrundeliegenden Ehetheologie läßt sich am klarsten durch eine Untersuchung der Scheidungspassagen und die paulinische Aufnahme der alttestamentlichen Ehe-Bundes-Metaphorik (Eph 5) gewinnen. Die Ehe im NT hat nach innen Inhalt und Struktur, nach außen eine definierte Grenze. Die innere Gestalt steht nach Eph 5 in Beziehung zum Modell der Gemeinde und ist darin frei für eine Fülle von kreativen Gestaltungsmöglichkeiten. Diese Freiheit zeigt sich auch eindeutig, wenn Jesus die Ehe im Herzen (χαρδία) des Menschen, in seinem Personzentrum verankert.[105] Damit ist die Ehe ihrem Wesen nach keineswegs „Arzenei" oder Ventil gegen den Überdruck der Sexualität.[106] Luther nennt die Ehe vielmehr den „edelsten Stand".[107] Christen leben und gestalten die Ehe im Kraftfeld des Heiligen Geistes. Hier gewinnen sie die Freiheit zu beglückender, lustvoller Partnerschaft, die ihnen in der Tauftradition von Gal 3,28 effektiv zugesprochen ist:

„Hier ist nicht Mann noch Frau, denn alle seid ihr eins in Christus Jesus".

In der katholischen Theologie wird die Ehe aufgrund von Eph 5,31-32 als Sakrament begriffen.[108] Dieser Denkversuch hat seine Wurzeln schon in der Alten Kirche.[109] Der Eph nennt die Gemeinschaft der Ehe zwar ein großes Geheimnis – dies „besteht in der Beziehung der zur Geschöpflichkeit des Menschen gehörenden Gemeinschaft von Mann und Frau auf das Geschehen der Inkarnation Jesu Christi und seiner Gemeinschaft mit seiner Kirche"[110] –, aber sie bleibt Schöpfungsstruktur, in der sich die erneuernde Macht des Heiligen Geistes auswirkt.[111] Hier wird die Aussage von 1.Mose 2, daß der Mensch seine Herkunftssippe verläßt, um mit seiner Frau eine neue Einheit zu werden, in der Leib-Christi-Erfahrung stützend verankert. „Die Ehe wird nicht mehr durch die Verwandtschaft, sondern durch Christus konstituiert."[112] In Christus aber läßt sich auch die Ehe nicht mehr als hierarchisches Herrschaftsverhältnis ordnen.

Das hat Konsequenzen bis in die Gestaltung alltäglicher Banalitäten. Auch hier erweist sich Luther als Bibeltheologe, wenn er es nicht für unmännlich hält, daß Väter Windeln waschen und Betten machen. „Dann spotten zwar die Leute, aber ‚Gott lacht mit allen Engeln und Kreaturen'".[113]

Luther hat die Ehe wie kaum ein anderer Theologe mit Ehrentiteln überhäuft. Sie ist für Luther ein Dreifaches:

• Sie ist Werk Gottes, und das von Anfang an, schon vor dem Einbruch der Sünde;

• Ehe und Familie stehen unter dem ausdrücklichen Auftrag (Mandat) Gottes, „Kinder zu zeugen, zu nähren und aufzuziehen" zu Gottes Ehre[114];

• und sie ist Kampfordnung Gottes gegen das Chaos. Die Ehe ist allerdings „als Kampfordnung Gottes gegen das Chaos nicht zu erhalten aus der Kraft und Vernunft des Menschen heraus. Sie lebt letztlich aus der Segensmacht des Spiritus creator et vivificator", des Heiligen Geistes.[115]

2. Zwar verschieden, aber gleichwertig in der Beziehung
Schon die reflektierte Sicht der Priesterschrift zeigt die Gleichwertigkeit von Mann und Frau.[116] „Bein von meinem Bein und Fleisch von meinem Fleisch", sagt bereits der ältere Bericht des Jahwisten. Hier wird die Entsprechung definiert, die nicht von der Gleichrangigkeit gelöst werden kann. Auf dieser Grundlage haben sich unter dem Einfluß der soziokulturellen Entwicklung unterschiedliche Beziehungsstrukturen herausgebildet – angemessene und unangemessene.[117] Diese Tendenz – Mann und Frau sind gemeinsam und gleichwertig Bild Gottes – verstärkt sich bis zur Taufformel von Gal 3,28, die eine Magna Charta christlicher Humanität im Machtbereich des Heiligen Geistes darstellt. Auf dieser Grundlage gibt Jesus der Frau den Scheidungsschutz; von dieser erfahrenen Einsicht her ist die Beziehung von Mann und Frau bildfähig für das ekklesiologische Christusmysterium.

Die biblische Erfahrung „eins" in Christus unterscheidet sich fundamental von jeder androgynen oder bisexuellen anthropologischen Konstruktion.

Wir fassen die bisherigen Ergebnisse zusammen und spitzen sie systematisch-theologisch zu:

• Mann und Frau, in umfassender, lebenslänglicher Gemeinschaft miteinander verbunden, gestalten in der Ehe die geschlechtlich geprägte Gemeinschaft, die dem Willen Gottes entspricht[118] und grundsätzlich die schöpferische Weitergabe von Leben in sich schließt.[119] Diese Gemeinschaft ist offen für Kinder. Bonhoeffer urteilt scharf und präzis:

„Mit der Eheschließung ist die Anerkennung des Rechtes

des werdenden Lebens verbunden als eines Rechtes, das nicht in der Verfügung der Eheleute steht. Ohne die grundsätzliche Anerkennung dieses Rechtes hört eine Ehe auf, Ehe zu sein und wird zum Verhältnis."[120]

• Die nichts ausschließende Gemeinschaft von Mann und Frau ist Abbild Gottes in der Welt. Gott begegnet den Menschen als Vater und Sohn, die in der machtvollen schöpferischen Liebe des Heiligen Geistes verbunden sind.[121]

• In dieser differenzierten Einheit sucht Gott passioniert den in seiner Gottlosigkeit verlorenen Menschen; der heilige Gott, der Sünde nicht erträgt, versöhnt den Menschen mit sich durch den Sohn und verwandelt den gottlosen Menschen durch die Kraft des Heiligen Geistes in die neue Schöpfung, die seiner Heiligkeit entspricht. Unter diesem Aspekt wird die Ehefähigkeit des Menschen zum Charisma.

• Die Liebe des Vaters zum Sohn in der Kraft des Heiligen Geistes findet eine gewisse Entsprechung in der Einheit von Mann und Frau, die in ihrer Geschlechtlichkeit unterschieden ein Leib werden.[122] Hier zeigt sich, daß Gott, der Liebe ist (1.Joh 4,16), menschlicher Wirklichkeit unauslöschlich die Struktur der Gemeinschaft einprägt, damit sich unter Menschen Liebe verleiblicht. Geschlechtlich verleiblicht sich Liebe, die dem Willen Gottes entspricht, in der polaren, spannungsvollen Unterschiedenheit von Mann und Frau, die Gott geschaffen hat. Mann und Frau sind als Gemeinschaft nach dem Bild Gottes geschaffen. Sie sind als Mann und Frau einer durch den anderen ergänzungsbedürftig.[123] Dies wird durch das im Zusammenhang mit dem Streit um die Wertung der Homosexualität von vielen favorisierte Modell einer angenommenen ursprünglichen Bisexualität vernebelt[124]; dies um so mehr, wenn die Hypothese einer ursprünglichen Bisexualität anthropologisch auch noch durch das Konzept des androgynen Menschen unterfüttert wird.

• Hier begegnet uns nur eine keineswegs neue Variante des uralten Versuches, den erlösungsbedürftigen „alten Menschen" durch den „neuen Menschen" abzulösen, der sich selbst erlöst zu haben wähnt.

Ruth Kuntz-Brunner spricht von der androgynen Zeit, die die Chance bietet, Polarisationen zu durchbrechen. „Die Einteilung der Welt in Gegensätze, in Licht und Schatten, Tag und Nacht, krank und gesund, männlich und weiblich, hat sich überholt... Die Zeit schreibt den Menschen das vielschichtig Veränderliche auf den Leib. Werte, die von der Polarisierung leben, geraten in Begründungsnot wie die monogame Hetero-Liebe. Ähnlichkeiten und nicht mehr Gegensätze werden betont."[125]

• Alle Versuche die geschlechtlichen Unterschiede zwischen Mann und Frau einzuebnen und einen gleichsam androgynen Menschen zu entwickeln[126], widersprechen dem biblischen Menschenbild und dementsprechend dem Wesen des Menschen.[127] Dieser Widerspruch bringt den Menschen um Lebenssinn und -erfüllung. Gott will die kreative Einheit der Verschiedenen und Liebe in gespannter Polarität. Die Geschlechterverschiedenheit ist in der hebräischen Bibel sprachlich scharf herausgearbeitet. Im Unterschied etwa zum Deutschen oder Griechischen werden Männer und Frauen auch in der Formung der Personalpronomen, der Konjugation der zweiten Person oder der Bildung der Zahlen eindeutig unterschieden. Das Hebräische hat massiv vermehrt maskuline und feminine Formen. Das Neutrum kennt die hebräische Sprache nicht. Diese von der Bibel her beschriebene Wirklichkeit läßt sich nicht im theologischen Klärungsprozeß durch das sozialwissenschaftlich geschaffene, aber wissenschaftlich keineswegs gesicherte Konstrukt „Bi-Sexualität" auflösen. Auch der Versuch, in dieser Richtung mit Hilfe von Gal 3,28 Terrain zu gewinnen, muß scheitern, weil die ganzheitliche, den Leib einschließende Tauftradition eschatologisch auf die Zeit nach der Totenauferstehung datiert ist, zu der Mann und Frau nicht mehr heiraten, sondern „wie die Engel im Himmel" leben, weil Sexualität als Kraft der Reproduktion menschlichen Lebens nicht mehr besteht. Wer so etwa Bisexualität theologisch begründen will, setzt eine innerweltliche Utopie an die Stelle eschatologischer Neuschöpfung durch Gott.

• Die Gestaltung von Sexualität, Ökonomie, Familie, Geselligkeit im einzelnen geschieht in kreativer Freiheit.[128] Die Akzente können sich im Laufe des Lebens durch Krisen und Konflikte hindurch verschieben, aber Gott will die das ganze Leben umfassende, unverbrüchliche, ohne Vorbehalte eingegangene und gelebte Gemeinschaft in ihrer Dauer.[129]

Luther zeigt sich hier wieder außergewöhnlich progressiv. In seiner Schrift „Vom ehelichen Leben" schreibt er:

> „Nun siehe zu, wenn die kluge Hure, die natürliche Vernunft (welcher die Heiden gefolgt sind, wo sie am klügsten sein wollten), das eheliche Leben ansieht, so rümpft sie die Nase und spricht: Ach, sollt ich das Kind wiegen, die Windeln waschen, Betten machen, Gestank riechen, die Nächte durchwachen, auf sein Schreien achten, seinen Grind und Blattern heilen, danach die Frau pflegen, sie ernähren, mich abmühen, hier sorgen, da sorgen, hier tun, da tun, das leiden und dies leiden, und was denn der Ehestand mehr Unlust und Mühe lernt? Ei, sollt ich so gefangen sein? O du elender, armer Mann, hast du eine Frau genommen, pfui, pfui des Jammers und der Unlust! Es ist besser, frei bleiben und ohne Sorge ein ruhiges Leben geführt. Ich will ein Pfaff oder eine Nonne werden, meine Kinder auch dazu anhalten.
>
> Was sagt aber der christliche Glaube hierzu? Er tut seine Augen auf und sieht alle diese geringen, unlustigen, verachteten Werke im Geist an und wird gewahr, daß sie alle mit göttlichem Wohlgefallen wie mit dem köstlichsten Gold und Edelsteinen geschmückt sind und spricht: Ach Gott, weil ich gewiss bin, daß du mich als einen Mann geschaffen und von meinem Leib das Kind gezeugt hast, deshalb weiß ich auch sicher, daß es dir aufs allerbeste gefällt, und bekenne dir, daß ich nicht würdig bin, daß ich das Kindlein wiegen noch seine Windeln waschen noch es oder seine Mutter pflegen sollte."[130]

3. Lebenslange Treue - Der Raum zum Reifen des Vertrauens

Zwei Fragen stellen sich: Wie umfassend ist Treue zu verstehen, und schließt sie auf der Zeitebene die Verpflichtung ein, daß Mann und Frau sich lebenslänglich binden?[131]

Das Wort „Ehe" könnte von seiner deutschen Sprachwurzel her die lange Dauer bedeuten und offen sein für „Ewigkeit". Liebe übernimmt die Verantwortung nicht nur für den lustvollen Augenblick geglückten Zusammenseins, sondern auch für die Zukunft der Beziehung, weil zum Menschen, mit dem sich der Mensch verbindet, nicht nur seine Gegenwart, sondern auch seine Zukunft und seine Vergangenheit gehört.[132] Liebe will immer in die Tiefe und Weite der Lebensgeschichten hinein; das gilt für Gottes Liebe, aber genauso für die Liebe der Menschen. Weil aber der Mensch Liebe nicht garantieren kann, muß Ehe vom verheißenden und fordernden Wort Gottes her gelebt werden. Im Schutzraum dieses Wortes glaube ich in guten wie in bösen Tagen, im Jauchzen der „Flitterwochen" wie in der Anfechtung der Krise, daß Gott mich und meine Frau, mich und meinen Mann zusammengefügt hat, bis der Tod uns scheidet[133]: Gott will unsere Ehe, und Gottes Wort ist das Fundament, auf dem Ehe nicht auf Sand gebaut ist. Hier zeigt sich, daß Eheseelsorge auch immer Lockruf zum vertieften Glauben, zu tieferer Hingabe an Gott ist.

Die Bibel vergleicht den Bund zwischen Gott und seinem Volk mit der Ehe zwischen Mann und Frau. Dieser Bund ist geprägt von Gottes Liebe und seiner unwandelbaren Treue. Treue lebt im Raum der Zeit und ist ohne Dauer nicht wirklich denkbar. Jesus Christus hat den bereits auf umfassende Treue zielenden Schöpferwillen Gottes aufgenommen, indem er die Scheidung grundsätzlich verwirft,[134] und Paulus deutet die Ehegemeinschaft von der Gemeinschaft her, die Jesus Christus mit seiner Kirche verbindet. Damit vollendet er christologisch den alttestamentlichen Bundesgedanken. Hier hat eine wechselseitige Prägung in beiden Richtungen stattgefunden: Die umfassende, leidenschaftliche Vitalität einschließende, personale Beziehung aus der Erfahrung der Ehe prägt die Beziehung zwischen Gott und Volk, zwischen Gott und den Menschen. Die Gott eigene, unbeirrbare, dauerhafte Treue wird zu einem unverzichtbaren Merkmal der Ehe und damit der Lebensform, in der Mann und Frau ganzheitlich verbunden sind.

Dies zeigt sich an den Problemfeldern von Ehebruch und Ehescheidung. Zwar kennt das Alte Testament das Gebot der Einehe noch nicht[135] – viele Frauen (Nebenfrauen) begegnen in der Väterzeit und bei den Königen, und Salomo hatte (abgerundet) 1000 (1.Kö 11,3)[136] – aber es läßt sich schon dort eine Tendenz zur Einehe erkennen.[137]

Das eheliche Verhältnis von Mann und Frau erhält eine immense theologische Qualität, indem der Bundesgedanke eingeführt wird. Eheliche Treue wird im Gottesrecht verankert.[138] Das Gleichnis der „Ehe" Jahwes mit seinem Volk – sie ist in ihrer Leidenschaft am bewegendsten beim Propheten Hosea wahrgenommen –, veränderte das menschliche Eheleben im Einflußbereich des Jahwebundes tiefgreifend und ließ die Schöpfungsabsicht Gottes deutlich in den Blick des Menschen treten: Weil Gott immer neu – unbeirrt durch menschliche Treulosigkeit – dem Volk seine Treue zusagt und Treue fordert, mußten zwangsläufig im Zuge dieser Erfahrung auch die Ehepartner im Bereich dieses Bundes und seines Ehe-Bildes lernen, sich einander umfassend personal zuzuwenden und sich dauerhafte Treue zu versprechen.[139] Im Sch^{e}ma Jisrael bekennen die Israeliten täglich, daß Gott ein Einzigartiger ist. Israel erfuhr sich als das einzige aus den Völkern herausgerufene Bundesvolk.[140] Das Volk des neuen Bundes kennt nur einen Mittler.[141] Das mußte aufgrund der Metaphorik Folgen haben für das Verständnis der Beziehung von Mann und Frau in der Ehe.

Bei Jesus vollendet sich diese Entwicklung, indem er den Ehebruch aus einer personal begriffenen Beziehung deutet und scharf verurteilt. Er verwurzelt den Ehebruch im Herzen, dem Personzentrum (καρδία) des Menschen[142].

Entscheidend für die grundlegende Prägung des Ehebundes durch den Gottesbund war seine Erfüllung im Christusgeschehen.[143] Denn „hier wird der alttestamentliche Vergleichspunkt für die Ehe zwischen Jahwe und Israel, die patriarchalische Führung mit ihrer strengen Liebe überboten: Christus, der Erlöser, wird darin eins mit der Gemeinde, daß er sich für sie hingibt, sich ihr aufopfert in unbedingter, vergebender Liebe."[144] „Erst im Lichte der eschatologischen Botschaft Jesu erscheint die Unverbrüchlichkeit der in der Schöpfung angelegten ehelichen Gemeinschaft als Hinweis auf die Bestimmung der Menschheit zu der unvergänglichen Gemeinschaft des Reiches Gottes und als Gleichnis des Treueverhältnisses Gottes zu seinem erwählten Volk, das in der Hingabe Jesu... seinen höchsten Ausdruck gefunden hat."[145]

Weil Gott treu ist, soll der Mensch treu sein.[146] Nach Luther macht die Treue „wesentlich das eheliche Leben aus".[147] Das schließt die Dauer ein. „Was Gott zusammengebunden hat, soll der Mensch nicht scheiden." (Mt 19,6). Oswald Bayer nennt den Gesichtspunkt der Zeit den soziologisch wie theologisch fruchtbarsten und richtet an die jeweiligen Lebensformen die Frage, welche Zeitvorstellung in den eingegangenen Verhältnissen mitgesetzt wurde.[148] Die Ehe ist die exklusive, alles umfassende, lebenslängliche Gemeinschaft von Mann und Frau, in der jeder sich nach dem Vorbild Christi selbstlos dem Partner hingibt. Darum widersprechen Lebensabschnitts-Partnerschaften[149] und Ehen auf Probe, sowie offene Ehen mit geduldetem Partnerwechsel[150] dem Willen Gottes.[151] Diese Treue steht auch im Dienst der Kinder.

„Ein Leib" sind Mann und Frau nicht nur in der orgastischen Vereinigung oder während der Hoch-Zeit der Gefühle, sondern ein Leben lang. »Daß Mann und Frau eins geworden sind und eins bleiben, bis der Tod sie scheidet, ist der klare Schöpferwille Gottes, wie wir ihn durch seinen endgültigen „Ausleger" (Joh 1,18), durch Jesus Christus, den Schöpfungsmittler, hören - durch den, der Gottes Willen eindeutig werden läßt: „Was Gott zusammengefügt hat, das soll der Mensch nicht scheiden" (Mk 10,9).[152] Christen können ihre Ehe „nicht allein als Ergebnis eigenen Willens verstehen und sie als bloßen Vertrag ansehen, den man im gegenseitigen Einvernehmen auch wieder lösen könnte."[153] Sie glauben, daß es Gottes Wille war, der sie zusammengefügt hat.[154] Ihre Gemeinschaft ist nicht zuerst selbstgemachte, sondern geschenkte und verdankte.[155] Diese Gemeinschaft setzt Luther in zweifache Beziehung zu Jesus Christus: Er ist einmal Urbild der Liebe, an dem auch in der Ehe Maß zu nehmen ist. Andererseits bringt er die Heilskraft der Vergebung in die Ehe der Christen ein. Damit bricht Luther seine Definition der Ehe als weltliches Geschäft auf und öffnet sie für die Gestaltung im Machtbereich des Heiligen Geistes.[156] Für Luther spielt in der Ehe die Grundspannung zwischen der lex naturae und der lex charitatis. Der Ehe-Stand gilt Nichtchristen wie Christen. Er ist einerseits „ein äußerlich weltlich Ding... wie Kleider und Speise, Haus und Hof, weltlicher Obrigkeit unterworfen"[157]; zugleich muß man den Ehestand im Lichte des Gotteswortes ansehen: im vierten Gebot bestätigt, im sechsten Gebot „verwahret und beschützet" und in der Kraft des heiligen Geistes gelebt.

4. Geschützte Sexualität - Die Ehe als Heimat sexueller Intimität

Der Mensch der Bibel genießt – legitimiert durch seine Gotteserfahrung – die Lust der Sexualität. Im Hohenlied wird Liebe (Ahavah), welche die Glut der Sexualität einschließt, eine „Flamme Jahwes" genannt.[158] Aber Gott schuf die Sexualität sowohl aus seiner Liebe zu kreativer Vitalität und bewgender Dynamik wie auch aus seiner Schöpferfreude an sozialer Intimität.[159] Im Rahmen der ganzheitlichen biblischen Sicht des Menschen bilden Sexualität und Person ein Einheitsgefüge, das niemand ungestraft auflöst. Auch der außereheliche Geschlechtsverkehr war nicht einfach freigegeben.[160] Treffend stellt Karl Barth fest, daß „Koitus ohne Koexistenz...eine dämonische Angelegenheit" ist.[161] Die begriffliche Unterscheidung der Aspekte der Liebe in christlicher Sicht (Eros, Sexus, Agape) läßt erkennen, daß aus dem Gesamt herausgelöste, isolierte Sexualität in ihrer apersonalen Oberflächlichkeit pervers ist. Auch das in der Bibel begegnende Bedürfnis, der Sexualität Schutzräume durch Ordnungen zu schaffen[162], – sie sind zwar in alttestamentlichen Überlieferungen oft noch unzureichend ausgebildet, wie die Formen von Bi- oder Polygamie erkennen lassen – zeigt diese ganzheitliche Struktur, in die Gott die menschliche Sexualität eingebettet hat.

Das sehen wir im AT selbst da, wo die monogame Struktur aufgegeben ist. In der Großfamilie ist der sexuelle Verkehr sorgfältig geregelt.[163] Die Ordnung der Leviratsehe steht deutlich im Dienst der Großfamilie.[164] Neben der Hauptehe gibt es bisweilen eine Fülle von Zuordnungsmöglichkeiten für das sexuelle Verhältnis von Mann und Frau. Dabei geht es immer um schützende Ordnung der Beziehung und Verhinderung von Unordnung, die Schutzräume zerstört.[165]

Nach dem Verständnis des Neuen Testament lebt der Christ alles – auch die Sexualität – in Christus, also im Kraftfeld des Heiligen Geistes. „Wir seynt alle zur Keuschheit getauft."[166] Daher ist Sexualität, die in der Ehe ihren Raum hat, auch Lust- und Trainingsraum der Heiligung. Dies hält Paulus in 1Thess 4,3-5 fest.[167] Sexualität, die nach Gottes Leitlinien gelebt wird, nimmt der Heilige Geist wahr, um zu heiligen. Es ist eine außergewöhnliche Aufwertung der Sexualität, die aus der biblischen Gotteserfahrung herauswächst. Andererseits gilt nach menschlicher Erfahrung, die Christen und Nichtchristen teilen: „Die ‚Flamme Gottes' (Hhld 8,6) wird zum Höllenfeuer, wenn Eros und Sexus sich von der Agape trennen."[168] Hiermit verbindet sich ein weiteres: Ehe, in der Christen ein Leib werden, hat in der Gemeinde, dem Leib Jesu Christi, ihren Lebensraum und ihr geistgeprägtes Modell. Jesu Christi Leib ist gestaltete Liebe in der eschatologischen Spannung von „schon jetzt und noch nicht". Die Grenze nach außen wird durch Ehebruchs- und Hurereiverbote markiert sowie durch das Scheidungsverbot beschrieben. „Alle geschlechtlichen Beziehungen statt und neben der Ordnung der Ehe sind für Christen verboten..."[169] Sie sind in der Sicht des Neuen Testaments Hurerei. Kirche, die ihre Existenz aus dem Wort Gottes herleitet, steht hier vor einer stählernen Wand, die sich mit hermeneutischer Zauberei nicht überwinden läßt. Josuttis, der die Desexualisierung der Gottesvorstellung (sowohl in der Gestalt des Vaters wie des Sohnes) beklagt und glaubt, verheerende Folgen für die sexuelle und religiöse Praxis der Christen feststellen zu müssen, nimmt neben vielen anderen nicht mehr wahr, daß er der romantisierenden Sehnsucht nach dem „lost paradise" verfällt und die Wirklichkeit des Sündenfalls verdrängt.[170] Nur im Kraftfeld des Heiligen Geistes wird auch Sexualität aus der Macht der Sünde befreit. Befreit kann sie auch zum Erfahrungsraum für entgrenzende Gotteserfahrung im Jubel des geheiligten Leibes werden. Dieses Kraftfeld ist aber unlösbar gebunden an Jesus, den Gekreuzigten und Auferweckten. Er versöhnt die Sünder mit dem heiligen Gott und gibt den Heiligen Geist, der das Jauchzen der Erlösten freisetzt.

Für Luther ist der Sexualtrieb eine Gotteskraft, die zwar ebenso von der Sünde zerrüttet ist wie die höchsten Denkleistungen des Menschen, diese wunderbare Gotteskraft aber in der Ehe auf die Linie des Gotteswillens gebracht.[171] Luther sieht in Gen 2,18 „das Wort Gottes, kraft welchen... die brünstige, natürliche Neigung zum Weib geschaffen und erhalten wird. Das darf nicht durch Gelübde und Gesetz verhindert werden. Denn es ist Gottes Wort und Werk."[172] Die Ehe ist für ihn der von Gott gesetzte Stand, Sexualität zu leben.[173] „Die allen gemeinsam auferlegte Forderung, nach rechter Keuschheit zu streben, spitzt sich zu zur Pflicht, zum Ehestand zu greifen, wo wir in uns jenes uns von Gott eingestiftete Drängen zum anderen Geschlecht verspüren."[174] Mit Leidenschaft kämpft Luther gegen das „unflätige, wuste, unordige Wesen" des vorehelichen Geschlechtsverkehrs, „welcher durch die bürgerliche wie kirchliche Ordnung nahezu sanktioniert war."[175] Im Schutz der Ehe-Institution sagt er sich radikal los von der „Verteufelung von Leib, Sinnen und Sinnlichkeit."[176] Seine bibelorientierte Bejahung der sexuellen Lust findet im Brief an Spalatin zu dessen Hochzeit 1525 eine hinreißende Sprache:

> „Du sollst, wenn Du mit Deiner Catharina schläfst und sie umarmst, dabei so denken: Dieses Menschenkind, dieses wunderbare Geschöpf Gottes hat mir mein Christus geschenkt. Ihm sei Lob und Ehre. An dem Abend, an dem Du nach meiner Berechnung diesen Brief empfangen wirst, werde auch ich sofort meine Frau in gleicher Weise lieben und so mit Dir verbunden sein."[177]

Der von Gott gesetzte Zusammenhang von Ehe und Sexualität scheint sich auch in der therapeutischen Praxis zu bestätigen:

> „Warum erlebe ich nicht wenigstens mit den Männern, zu denen ich eine sehr enge und lebendige Beziehung habe, eine ähnliche, wie soll ich sagen, Ergriffenheit wie bei meinem Mann? Mit ihm komme ich in der Sexualität in Gefühlsräume, die ich bei anderen nicht kenne. Daß das bei unverbindlichen Affären nicht sein kann, ist mir klar, aber warum stellt sich diese Intensität des Erlebens nicht wenigstens bei denjenigen ein, bei denen ich das Gefühl habe, sie zu lieben?…Denn so eine letzte Offenheit…, so ein Gefühl von Unverstelltheit und Direktheit in der Lust, das fehlt einfach bei den anderen. Das erlebe ich nur bei ihm."

Manfred Josuttis, dem ich diesen Hinweis verdanke, kommentiert diesen Befund mit dem Hinweis, daß sich in der Treulosigkeit[178] immer nur der elektrisierende Reiz der Neuartigkeit wiederhole; die langweilende Wiederholung selbst als Problem der sexuellen Beziehung könne nur durch Vertiefung überwunden werden.[179]

Wir fassen zusammen:

• Lustvolle Sexualität bedarf der ganzheitlichen, in Vertrauen und
Treue, mit Leib, Geist und Gefühl gelebten Beziehung, um dem Menschen gerecht zu werden. Wegen ihrer lebenschaffenden Kreativität
kann der Mensch sie nur in Verantwortung für sich selbst, seinen
Partner und die in der Vereinigung möglicherweise gezeugten Kinder
leben. Ganzheitlich gelebte Sexualität läßt sich nicht von der Weitergabe
des Lebens isolieren. Gottes Schöpfungsgedanken haben Sexualität und
neues Leben miteinander verbunden.

• Die Not der Abtreibung[180] zeigt, wie Sexualität geradezu mörderisch pervertiert wird, wenn sie sich dem Geltungsbereich des Willens
Gottes entzieht. Kirche, die hier von der soziologisch beschriebenen
Wirklichkeit her urteilt, statt vom normativen Wort Gottes her zu helfen
und konstruktiv Leitlinien zu ziehen, wird schuldig und verliert ihre
Vollmacht.

• Sexualität hat nach dem Willen Gottes ihr Lebenshaus in der Ehe
zwischen Mann und Frau, die das ganze Leben in Treue ganzheitlich
gelebt wird.[181] Sexualität, die außerhalb der Ehe genital ihre Lust sucht,
wird im NT durchgehend und in sämtlichen Schichten als Unzucht[182]
oder Hurerei[183] verworfen. Diese normative Auslegung des radikalen
Gotteswillens hat ebenso wie die Radikalisierung der Weisungen durch
Jesus in der Bergpredigt ihren Wirklichkeitsbezug im Kraftfeld des
Heiligen Geistes.[184] Wer im Glauben aus der Kraft des Geistes lebt,
erfährt Gottes radikalen Willen als lebenschaffendes Evangelium; wer
Gottes Willen ohne den Geist begegnet, der Tote lebendig macht, ist
hier dem tötenden Gesetz konfrontiert.[185]

• Weil der Mensch qualitativ von seiner Sexualität zu unterscheiden
ist, gibt es nach der Erfahrung, die Christen und Nichtchristen teilen,
erfülltes menschliches Leben, in dem sich Sexualität nicht genital

verwirklicht. Das NT kennt das eheliche und das ehelose Leben.[186]

5. Familie - Das Lebenshaus der Menschen

Der Gott der Bibel ist wesentlich ein sozialer Gott. Er will leidenschaftlich Gemeinschaft. Deswegen stellt er die Ehe hinein in die Familie als ein vielfältiges, differenziertes soziales Gefüge von Beziehungen. Familie ist in der Bibel das Haus, in dem die Menschen leben, Schutz und Geborgenheit finden und Orientierung erfahren. Sie ist der Raum, in dem Kindern und hinfällig gewordenen Eltern verantwortete Zeit eingeräumt wird.[187] In der biblischen, Gottes Willen entsprechenden Familie leben die Menschen in der Generationenfolge, als Verheiratete und Nichtverheiratete. Auch Witwen und Waisen haben hier nach dem Willen Gottes ihren Schutzraum. Mann und Frau sind in der Regel dem Familienverband (Beth Av) zugeordnet, der durchschnittlich 4 Generationen umfaßt.[188] Im Allgemeinen wird die Frau in die Großfamilie des Mannes integriert, der für sie den Heiratspreis[189] bezahlt und ihr „Besitzer" (Baal) wird.[190]

Die Gesellschaft wird heute weitgehend beherrscht von der Tendenz zum Individualismus, und mit diesem verbunden ist ein Bruch des Generationenverbundes. Der Mensch muß neu lernen, daß die Welt und seine eigene Lebensgeschichte nicht mit ihm selbst anfängt. Er verdankt sich seinen Eltern, durch die er physisch und sozial ins Leben gerufen wurde. Gott hat den Menschen nicht anders als durch seine Eltern geschaffen und ihm den Auftrag gegeben, Leben weiterzugeben.[191] Ehe ist grundsätzlich offen für die Weitergabe von Leben. Der prinzipielle Verzicht auf Kinder aus anderen Gründen als um des Reiches Gottes willen zeigt Lebensfeindlichkeit und ist Ausdruck eines asozialen Verständnisses von Leben. Anderseits dürfen Kinder unter keinen Umständen zum Spielmaterial für Experimente mit Lebensformen gemacht werden.[192] Gott hat ihnen als Reiferaum das „Elternhaus" zugedacht, das Mann und Frau gründeten, als sie einander auf dem Fundament der Verheißung Gottes zusagten, das Leben zu teilen, bis der Tod sie scheidet.

Dieser Schutzraum bedarf gegenwärtig stärker als früher der Familienplanung. Im Rahmen eines christlichen Lebensstils bedeutet dies, mit der geschenkten Lebenszeit verantwortlich umzugehen. Familienplanung umfaßt die gesamte Lebensführung: den Zeitraum für die Ehebeziehung ebenso wie den für Kinder und Eltern, aber auch die Berufsperspektiven der Ehepartner. Hier handelt es sich um eine Familienplanung, bei der mit erheblichen Konflikten zu rechnen ist und die deshalb der Seelsorge bedarf. Auch in dieser Hinsicht lebt der Christ im Kraftfeld des Heiligen Geistes, durch den Jesus die Christen in die Freiheit zur Liebe führt. Er gestaltet sein Leben unter der Voraussetzung der Vergebung, durch die Gott dauerhaft und kontinuierlich Freiheit schenkt.

6. Entlastung: Ehe im Schutz der Familie Gottes

Jesus beschreibt die Gemeinschaft der Glaubenden als Familie Gottes. In dieser Lebensform lebte die Gemeinde in Jerusalem nach Pfingsten. In ihr hat der Heilige Geist eine überwältigende soziale Kreativität freigesetzt. Sie hatte ihre Infrastruktur in den Häusern, und dies Wort hat in der Bibel die Doppelbedeutung von Haus und Familie.[193] Jesus nimmt unübersehbar die nach dem Sündenfall gefährdeten Absichten Gottes auf und stellt sie in das Licht der vollendeten Königsherrschaft Gottes,[194] indem er Mk 3,31-35 die Menschen, die Gottes Willen tun, seine Familie nennt.[195] In diesem Raum werden die christliche Familie und die Ehe der Christen gelebt und gestützt.

In einer Zeit zunehmenden Zerfalls der Familienstrukturen hat Kirche die Aufgabe, auf der Ebene der Schöpfung für den Erhalt und die Stärkung der Familie nach dem Willen Gottes einzutreten. Ebenso ist es ihr Auftrag, Gemeinde als Familie zu gestalten, in der Alleinerziehende und Alleinstehende, Verwitwete und Verheiratete, Eltern und Kinder ein bergendes Zuhause und Lebensorientierung finden.

7. Identifizierbar: Die Öffentlichkeit der Ehe und ihre Form

Der Mensch benötigt die institutionelle Sicherung, um Sexualität lustvoll und in Freiheit leben zu können. „Die Ehe ist die Institution, die personale Sexualität ermöglicht."[196]

Nach Schelsky bedarf die menschliche Sexualität der sozialen und kulturellen Formung.[197] Diese vollzieht sich ganz wesentlich in den In-

stitutionen von Ehe und Familie. Bereits von den biologischen Aus-
gangsbedingungen her sind die sexuellen Beziehungen von Mann und
Frau mit der Tendenz zur „Dauerordnung" verbunden. Zur Partnerbin-
dung führt die menschliche Sexualität, weil sie nicht an jahreszeitliche
oder andere Zyklen gebunden ist.[198] Und weil dem Menschen ein Verhältnis zum Ganzen seines Lebens erschlossen ist, richtet sich die sexuelle Zuneigung auf den ganzen Menschen im Partner, soll sie nicht
leer bleiben. Der Mensch erfährt bewußt und mehr oder weniger reflektiert auch die zeitliche Ausdehnung seines Lebens. Daher „impliziert die
Bejahung des ganzen Menschen im Partner notwendig, zumindest der
Intention nach, die Dauer der Beziehung zu ihm."[199]

Diese institutionelle Sicherung der Ehe wurde durch das Liebeside-
al der Romantik und durch die Gestalt gegenwärtiger gesellschaftlicher
Lebensstile praktisch mehr und mehr aufgelöst. Seit der Romantik wird
die Gestaltung der Beziehung von Mann und Frau von der Kraft der Gefühle abhängig. Sie steht auf dem Augenblick der Empfindung. Vergeht
diese, dann verliert die Beziehung ihren Grund. „Allein auf die Liebe als
inneres Gefühl gegründet, ist die Beziehung labil."[200] Die romantische
Liebe ist oft mit einem antiinstitutionellen – gegen die Ehe als Rechtsinstitut gerichteten – Affekt verbunden. Dieser wird durch Christen oft
unreflektiert mit der Berufung auf die Freiheit und Spontaneität begründet, die das Evangelium gewährt. „Liebe wird als Widerspruch zum Gesetz (Gebot) und zur ‚Institution', insbesondere der Institution ‚Ehe' hin-
gestellt."[201] Dieses postmodern individualistische Verständnis von Liebe ist deswegen ein gefährliches Mißverständnis, weil der Mensch, so-
lange er geschichtlich zwischen dem Sündenfall und dem Jüngsten Gericht lebt, niemals Freiheit ohne jeden Zwang, niemals Evangelium ohne
Gesetz erfährt. Wer diesem nicht Rechnung trägt, verfällt dem Antinomismus und hält der Wirklichkeit nicht stand.[202]

Liebe drängt aus ihrem Wesen heraus, zu dem Verläßlichkeit und
Treue gehören, auf institutionelle – und das bedeutet auch öffentliche
und rechtliche – Gestaltung.[203] Der Institutionsaspekt gehört zu den
Wänden, aus denen ein Schutzraum um die Ehe gebaut wird. Er schließt
in unserer Gesellschaft das Standesamt und für Christen den Gottesdienst zur Trauung ein. Institutionen sind mit Öffentlichkeit verbunden.

In der Bibel wird die Öffentlichkeit der Eheschließung immer voraus-
gesetzt.[204] Die Rechtsform der Ehe ist für die Heilige Schrift konstitu-
tiv, weil Gott die Wirklichkeit in ihrer Tiefe realistisch wahrnimmt. Die
Liebe bedarf der Stützen, denn der Mensch ist Sünder und Gerechter
zugleich; er ist in einer gefallenen Welt ständig gefährdet. Luther kann
hier aufgrund reicher seelsorglicher Erfahrung fast am Ende seines Lebens unverblümt reden:

> „Darum so leitet man auch Braut und Bräutigam zur Kir-
> che, daß sie öffentlich bekennen, sie treten nach Gottes Ord-
> nung in den heiligen Ehestand, daß sie nicht eine Hurenehe
> führen wollen. Sie werden gesegnet und zweifeln auch nicht
> daran, daß sie von Gott gesegnet sind. Da mögen sie aber
> wohl zusehen, daß sie gesegnet bleiben und ihren Ehestand,
> wie es Eheleuten gebührt, gottesfürchtig, rein und unbefleckt
> führen. So werden sie wohl gesegnet bleiben."[205]

Die Rechtsform schützt nicht nur mögliche Kinder, sondern auch die
Partner voreinander und vor sich selbst.[206] Nach Trutz Rendtorff bringt
„Öffentlichkeit der Eheschließung wie überhaupt die Rechtsform der
Ehe als Lebensgemeinschaft...den Grundsinn der Ehe zum Ausdruck."
„Der öffentliche Akt der Eheschließung ‚vor Gott und den Menschen'
dokumentiert, daß die Ehe eine Institution des Lebens ist, in die die ei-
gene Selbstbestimmung zur Ehe eingebracht wird."[207]

Sollte die Gesellschaft der BRD durch gesetzliche Neuregelung
vertragsrechtlich geregelte Lebensformen auf Zeit einführen, könnte
die Gemeinde Jesu Christi dies für Christen nicht akzeptieren. Der
öffentliche Traugottesdienst müßte Kontrast- und Protesthandlung
zu einer solchen Form von Ziviltrauung werden. Die Kirche könnte
gezwungen sein, ein eigenständiges Ehestandsrecht zu schaffen.[208]

8. Ehe zwischen Himmel und Hölle: In der Freiheit des Evangeli- ums – unter dem Joch des Gesetzes

Luther ist bis heute sowohl für das Verständnis wie für das Leben von
Ehe, Familie und Sexualität außergewöhnlich bereichernd.[209] Für ihn
lebt Ehe zwischen Himmel und Hölle, zwischen Rettungsbedürftigkeit
und verheißener Rettung, zwischen Schuld und Vergebung. Allein die

Unterscheidung von Gesetz und Evangelium hilft, die Ehe als Glücks-raum weder irreal zu idealisieren, noch als Zuchthaus zu diffamieren. Sie macht es möglich, die Ehe wahrzunehmen, „wie sie leibt und lebt: mit ihren Ängsten und Hoffnungen, in ihrer Not und Schönheit."[210] Das Evangelium gewährt ihr den Daseinsraum, den Gottes Wort den Ehe-partnern kreativ zuspricht.[211] In diesen ziehen die Ehepartner im Glau-ben ein.

Das Evangelium der Ehe ist eine Einladung zur rück- und vorbehalt-losen Gemeinschaft – vor allem ohne zeitlichen Vorbehalt – im Vertrauen auf den Gott, der das Evangelium spricht und die Ehe segnet. Mann und Frau – beide der Gemeinschaft miteinander bedürftig – erfahren diese nicht als Leistung, die sie sich selber verdanken, sondern als Geschenk, das ihnen zufällt. Sie nehmen die Ehe wahr als Raum der gemeinsamen Freude, des gegenseitigen Trostes, der gemeinsam getragenen Last, der geteilten Lust, der miteinander auszutragenden Konflikte, und diesen Raum haben sie nicht selbst geschaffen, der ist ihnen bereitet.[212] Hier steht der Mensch vor der Erkenntnisaufgabe, Ehe vom Wort Gottes her zu verstehen.[213] Die agendarische Formel: „bis der Tod euch scheidet" ist keine Beschränkung der menschlichen Freiheit, sondern „ihre letzt-mögliche Ausweitung und Steigerung".[214]

Wird die Gemeinschaft nicht mehr als ganze und unteilbare, das Le-ben bis zum Tod umfassende bejaht, wird sie gleichsam vertragsrecht-lich von vornherein parzelliert, dann verliert sie ihr Wesen als Zuhau-se, als Ort gewisser Gemeinschaft; dann halten über kurz oder lang Bedrohungs- oder Verlustängste Einzug und fesseln die Kreativität, die das Evangelium freisetzt.[215] Ehe wird zum Zuchthaus, und der Mensch erfährt sie, theologisch gesprochen, als tötendes Gesetz.[216]

Martin Walser beschreibt diese Situation 1967 in einem Drama:

> „Die Ehe ist nun mal eine seriöse Schlacht. Nein, nein, eine Operation. Zwei Chirurgen operieren einander andauernd. Ohne Narkose. Aber andauernd. Und lernen immer besser, was weh tut.". „Das ist die Hölle. Das ist nichts als die pu-re, aufgelegte, in eine Vierzimmerwohnung installierte Höl-le."[217]

Bayer nennt Gesetz in diesem Sinne die „Wirkmacht der sehr guten

Schöpfung Gottes in deren Verkehrung."[218] Ehe zwischen „Evangelium und Gesetz" bewegt sich „konkret zwischen dem Lob der Gabe des Mitmenschen und der Erfahrung der Verkehrungen dieser Gabe sowie der Bitte um Bewahrung der Ehe und um den Glauben an das Wort der Versöhnung."[219]

Luther hat das Eheleben mit hohem Realitätssinn wahrgenommen, und er spricht ungeschönt von den Anfechtungen, denen das Eheleben täglich ausgesetzt ist:

> „Der Teufel versucht Unlust und Uneinigkeit in das Eheleben zu treiben, daß einer dem anderen spinnefeind wird. Da wird übel hausgehalten; der eine verschleudert es an der Hoftür, der andere an der Haustür; zerbricht der Mann den Krug, zerbricht die Frau den Napf. Da wird dann die Hölle draus, und der Teufel hat was zu lachen."[220]

Die Unterscheidung von Gesetz und Evangelium in der Schule Luthers bringt außergewöhnlichen Gewinn nicht nur für die theologische Ethik, sondern auch für die Ehe-Seelsorge. Oswald Bayer hat aus Luthers seelsorglich geprägten Ausarbeitungen zur Ehe die Fragen herausdestilliert, auf die angefochtene Ehe-Partner und -Kandidaten bis heute eine Antwort brauchen:

• „Wie werde ich gewiß, daß die Ehe die richtige Lebensform ist? Bin ich nicht freier, wenn ich ledig bleibe?

• Wie werde ich gewiß, daß diese und keine andere meine Frau, dieser und kein anderer mein Mann ist und es, wenn er mir auch gar nicht mehr gefällt, bleibt?

• Woran habe ich mich in Krisen und Konflikten zu halten? Soll ich dem Gedanken folgen, eine andere würde vielleicht besser zu mir passen? Was kann dabei die Grundlage meiner Entscheidung sein?

• Vieles scheint möglich. Was reißt mich aus dem Strudel der Möglichkeiten heraus und stellt mich auf festen Grund? Was gibt meiner Lebensführung Bestimmtheit?"[221]

Diese Antworten können Ehepartner sich nicht selbst geben. In der Anfechtung, der die Ehe ausgesetzt ist, vermag nur Gottes Wort, das als Evangelium den Raum der Ehe baut und ihn als Gesetz schützt, Gewißheit zu vermitteln. Auch in der Ehe lebt der Mensch nicht von seiner persönlichen Subjektivität, sondern im Lebensraum, den Gottes Wort erschließt.[222] Dieses Wort für die Ehe hat seine perspektivische Mitte im Trauungsgottesdienst, in dem das „Ja" vor Gott und den Menschen gesprochen und zugleich Gott und der Gemeinde anvertraut wird. Der Traugottesdienst wird damit zum Bekenntnis der menschlichen Armut und des Vertrauens, daß Gott der anfechtenden Lieblosigkeit mit seiner unerschöpflichen Liebe aufhilft.[223]

9. Kontinuum und Variationen: Bis der Tod euch scheidet

Weil die Ehe nach dem Willen Gottes auf Dauer gelebt wird, hat die Scheidung grundsätzlich im Machtbereich der Sünde ihren Ursprung. Jesus gestattet sie im Rahmen seines eindeutigen Scheidungsverbots, mit dem er Gottes heiligen Willen zur Sprache bringt, allein infolge des Ehebruchs[224]; Paulus, wenn in einer multireligiösen Mischehe der nichtchristliche Partner die Trennung begehrt (1Kor 7,15).[225] Sonst gilt im Machtbereich des Heiligen Geistes, daß Scheidung nach dem Willen Gottes nicht sein soll.

Luther hat sie bei grundsätzlichem Scheidungsverbot in gewissen Grenzfällen aus seelsorglichen Gründen gestattet, aber nicht gerechtfertigt und von der Notwendigkeit der Vergebung gelöst. Beispiele für Luthers seelsorgliche Grenzfälle lösenden, aber hoch gefährlichen Realitätssinn sind eine Frau, der Luther erlaubte, ihren impotenten Ehemann zu verlassen und ihren Liebhaber zu heiraten oder mit diesem bei Zustimmung des Ehemannes eine sexuelle Beziehung zu leben.[226] Der Fährmeisterin in Wittenberg gestattete er die Trennung von ihrem Mann, der sie mißhandelt hatte, mit der Auflage, daß beide nicht wieder heiraten dürften.[227]

Weil Christen zwischen Sündenfall und Jüngstem Gericht auch im Leben „in Christus" von Sünde bedroht sind und schuldig werden, leben Christen Ehe und Scheidung unter dem Aspekt freimachender Vergebung. Dies gilt angesichts der grundlegenden reformatorischen Erkenntnis, daß „die Kernunterscheidung zwischen ewiger Annahme und endgültiger Zurückweisung...allein und ausschließlich am Vertrauensbezug zur fremden Gerechtigkeit Jesu Christi" fällt.[228] Die Scheidung darf nie dem Wunsch des Menschen nach Variation durch Partnerwechsel dienen. Sie ist für Christen nie ein Weg zur Steigerung der Lebens- oder Beziehungsqualität. Sie ist immer Ausdruck schuldigen Scheiterns. Kirche, die darauf verzichtet, Scheidung Sünde zu nennen, verwechselt die seelsorgliche Liebe zum Sünder mit der Verkündigung des Gotteswillens. Sie fesselt auf diese Weise den Menschen im Gefängnis unvergebener Schuld und gefährdet sein Heil ebenso wie seine Freiheit, indem sie ihm den Weg zur Vergebung verschließt. „Es gibt zweierlei Sünde: eine, die man bekennet; die soll niemand unvergeben lassen. Die andere, die man verteidigt; die kann niemand vergeben. Denn sie will nicht Sünde sein, noch Vergebung empfangen."[229]

10. Lebensformen - Alternativen zur Ehe

Das Gemeinschaft gewährende Wort Gottes in Gen 2,18: „Es ist nicht gut, daß der Mensch allein ist; ich will ihm einen ‚Teilhaber' geben", umfaßt gewiß mehr als die Ehe. Aber wie weit reicht es? Wo sind für Christen die Grenzen zu ziehen?

Weil Ehe die exklusive, dauernde, letztverbindliche, und ganzheitliche Lebensgemeinschaft zwischen Mann und Frau ist, die durch ein öffentliches Treueversprechen sanktioniert wird, weil Ehe eine Gemeinschaft ist, in der Agape gelebt wird, weil sich in der Ehe nach dem Vorbild Christi jeder selbstlos dem Partner hingibt, darum kann es weder Ehen auf Zeit noch Probeehen, aber auch nicht promiskuitive Kollektivehen oder offene Ehen geben.[230]

Verräterisch ist das für nicht eheliche Lebensformen verwendete Begriffsrepertoire[231]:

Für unverheiratet zusammenlebende Paare gibt es eine Reihe von Bezeichnungen. Alle fassen das Gemeinte nur unzureichend, weil sie häufig entweder verklären[232] oder diffamieren.[233] Es gilt ethisch zu unterscheiden zwischen Verbindungen, die als Ziel die Ehe haben, also vorehelich gelebt werden, und solchen, die sich als Alternativen zur Ehe sehen, also antiehelich konzipiert sind. Weiter begegnen häufig Verbindungen, in denen es um das Festhalten an finanziellen Sicherheiten aus früheren Ehen geht, die bei einer neuen Eheschließung aufs Spiel gesetzt würden.

Eines der gegenwärtig wirksamsten Gegenmodelle zur Ehe scheint die Single-Form zu sein: Mann oder Frau mit eigener Wohnung und regelmäßigen sozialen, emotionalen und genitalen Beziehungen zu einem Partner-Single mit eigener Wohnung und eigenem Budget, das in der Regel aber auf Zeit . Bayer nennt diese Existenz „in ihrem Kern unitarisch, monadisch, individualistisch, einsam" und sieht in ihr die Verleiblichung „des cartesianischen Ich und seiner singularitas".[234]

Die Bibel steht gegen jeden Versuch, das Modell der exklusiven, umfassenden, lebenslangen Ehegemeinschaft zu relativieren. Für Luther gilt: „Weil der Teufel Gottes Lebenskraft fürchtet, haßt er die Ehe genauso, wie er den Frieden Gottes zu hindern und die Früchte der Erde zu mindern sucht."[235]

Gewiß ist die Ehe hineingestellt in den Raum der Liebe, der weiter reicht als die Ehe. Die christliche Liebe steht für Luther über allem, auch über der Ehe. „Sie ist Grund, Kraft und Kriterium allen Tuns, der Hauptberuf in allen Berufen, Beziehungen und Verhältnissen."[236] In der Kraft solcher Liebe haben Menschen in allen Zeiten das Charisma der Enthaltsamkeit[237] als Platzanweisung aufgenommen und auf Ehe und Familie als Wirkräume der Liebe verzichtet, um ganz für einen weiterreichenden Dienst am Nächsten verfügbar zu sein. Die eschatologische Antizipation der Gottesherrschaft etwa im Zusammenhang mit der Taufe erlaubt als Kontrastmodell zur Ehe nur die Ehelosigkeit und den Verzicht auf genital gelebte Sexualität.[238]

Menschen haben in allen Zeiten gegen ihre Wünsche und Sehnsüchte aus verschiedenen Gründen auf die Ehe verzichten müssen. Dieser Verzicht gehört für viele ebenso zu den Leiderfahrungen in der gebrochenen Wirklichkeit menschlichen Lebens wie zerbrechende und mißlingende Ehen. Aber auch diese schmerzvollen Erfahrungen sind Räume, in denen Gott uns Menschen bergend, tröstend, heilend und vergebend begegnet. Lebenserfüllung finden Menschen in der Ehelosigkeit wie in der Ehe.

Nach biblischen Maßstäben sollen Lebensformen, die nicht die Gestalt der Ehe haben, in sexueller Enthaltsamkeit gelebt werden. Das gilt für freiwillig gewählte Formen des Lebens in Kommunitäten ebenso wie für die Situationen Geschiedener, Verwitweter oder anderer

Alleinstehender, denen sich die Gelegenheit zur Ehe nicht bietet. Um auch in diesen freiwillig gewählten oder durch die Umstände erzwungenen Lebensformen menschliche Erfüllung zu finden, bedarf es der Kraft des Heiligen Geistes.

11. Beziehungs-Seelsorge ohne Alternative

Weil in der gefallenen Welt nirgends so wie in Ehe und Familie Gottes Idee und die Wirklichkeit menschlichen Lebens auseinanderfallen, bedürfen Menschen hier in hohem Maße nicht nur des Schutzraumes der Gemeinde im allgemeinen, sondern auch der Seelsorge im besonderen. Nicht selten wird diese die Unterstützung durch kompetente Therapeuten brauchen. Luther hat die Christen gelehrt, den „Stand der Ehe" aus der Perspektive des Gotteswortes anzusehen und nicht aus der Optik der jeweiligen Gefühle und Befindlichkeiten. Dieser Perspektivenwechsel ist Fundament jeder Ehe-Seelsorge.[239] Deshalb muß Eheseelsorge auch immer Lockruf und Hilfe zu tieferem Glauben und weiterer Hingabe an Gott sein.[240]

6 ANMERKUNGEN UND NACHWEISE

[1]Buber, M., Rosenzweig, F., Die Schrift, 1976.

[2]Joseph Kardinal Ratzinger in seiner Predigt zur Eröffnung des Konklave am 18. April 2005

[3]Apg 5,1-11

[4]1.Sam 19,18-24

[5]1.Kö 19,11-13.

[6]Eph. 4,30.

[7]Vgl. die Geschichte der Rettung aus der Sklaverei Ägyptens, die für Israel vergleichbar grundlegend ist wie für uns Christen Jesu Auferweckung (2.Mose 1ff.). Aber auch die Rettungsgeschichten im Richterbuch.

[8]Vgl. 1Kor 12,22f.

[9]Jesus kennzeichnet sich selbst mit dem Bild des „Kellners", διάκονος = der bei Tisch dient, also Kellnerdienste leistet, (Mt 20,26-28).

[10]Mt 18,3 u.a.

[11]Apg 2,17.

[12]Apg 2,13.

[13]Apg 2,17-21; Joel 3,1-5.

[14]Gal 3,26-28; leicht verändert Kol 3,10f.

[15]Vgl. Apg 2,42-47; 4,32-35.

[16]Lk 6,20; Mt 5,3.

[17]Gal 3,26 sinngemäß wiedergegeben.

[18] 1.Kor 13.

[19] 1Kor 13.

[20] Hist. eccl. V 1,3-63. Nach Guyot, P.; Klein,R., Das frühe Christentum bis zum Ende der Verfolgungen. Eine Dokumentation, Darmstadt 1997, Bd. 1, S. 70ff.

[21] Vita Anskarii c. 9. Texte aus: Fontes saeculorum noni et undecimi historiam ecclesiae hamburgensis necnon imperii illustrantes. Rimberti vita Anskarii ...Neu übertragen von Werner Trillmich...Darmstadt 6. Aufl. 1990, S. 3–133

[22] Vita c. 10.

[23] Vita c. 34.

[24] Adam von Bremen, Bischofsgeschichte der Hamburger Kirche I, 39.

[25] Vita c. 26.

[26] Vita c. 39.

[27] Vita I, 30.

[28] Vita c. 35.

[29] Vorwort zu: Wilhelm Landgrebe, Ludwig Nommensen. Mit Gott rechnen wie mit Zahlen, Brunnen-Verlag 1986, S. 5-7.

[30] Dieser Beitrag ist eine Kompilation mit überleitenden Texten. Alle übrigen Zitate stammen aus Wilhelm Landgrebe, Ludwig Nommensen. Mit Gott rechnen wie mit Zahlen, Brunnen-Verlag 1986, und Martin Haug, Die einen guten Kampf gekämpft, Stuttgart 1962, S. 91-111.

[31] Die dunkle Seite dieses Heiligen, der nichts als ein gerechtfertigter Sünder war, beschreibt seine Tochter aus erster, noch im Westen geschiedener Ehe: Renate Brüsewitz-Fecht, Das Kreuz und die Flamme, Halle 2009.

[32] Superintendent Hildebrandt war Brüsewitz' Vorgesetzter.

[33] Die Zitate stammen aus Bärbel Wartenberg-Potters Büchern: Wir werden unsere Harfen nicht an die Weiden hängen: Engagement und Spiritualität, Stuttgart 1986. Weiter: Luise Schottroff, Dorothee Sölle, Bärbel von Wartenberg-Potter, Kreuz der Frauen – Kreuz der Armen – Kreuz Christi. Ein Feierabendmahl; und: Den Kreuzen entrinnen: Pro Asyl, 1987.

[34] Volker Zastrow, Gender – Politische Geschlechtsumwandlung, Waltrop und Leipzig 2006, S. 11.

[35]Dale O'Leary, The Deconstruction of Women Analysis of the Gender Perspective in Preparation for the Fourth World Conference on Women in Bejing, China 7 (1995), S.9.

[36]Das alles ist möglich!, S. 6.

[37]AaO. S. 8 – 11.

[38]Kursivstellung DM.

[39]Das alles ist möglich!, S. 11, Anm. 6.

[40]Nach www.soziologie.uni-freiburg.de/Personen/Degele/material/pub/anpassen.pdf.

[41]Der Spiegel 1/2007, S. 27-30.

[42]Nach www.vafk.de/themen/presse/pm070105amendt.htm.

[43]http://ulm.sm-referate.de/forschungszene.php

[44]WHO / Internationale Klassifikation psychischer Störungen, ICD-10 Kapitel V (F) Klinisch-diagnostische Leitlinien. Übersetzt und herausgegeben von H. Dilling, W. Mombour, M. H. Schmidt unter Mitarbeit von E. Schulte-Markwort. 5., durchges. u. erg. Aufl. 2005. 369 S., unter F65.

[45]Vgl. den Beitrag von M. Peeters, Die stille Revolution, in: Vatican Magazin, 10, 2007, S. 42.

[46]Ebd.

[47]Vgl. dazu Prof. Dr. Dr. Michael Bock, Gender-mainstreaming als totalitäre Steigerung von Frauenpolitik; http://radbruch.jura.uni-mainz.de/~bock/

[48]Vgl. dazu u.a. Schütz, Paul, Evangelium, hrsg. von Hans F. Bürki, Ges. Werke I, Moers 1, 1986, S.17ff.; Pannenberg, Wolfhart, Angst um die Kirche. Zwischen Wahrheit und Pluralismus, Evangelische Kommentare, 12, S. 709-713, 1993. Schon 1962 schrieb Wolfhart Pannenberg, in: Die Krise des Schriftprinzips, Grundfragen systematischer Theologie. Gesammelte Aufsätze, Göttingen, 1962, S.13: „Die Auflösung der Lehre von der Schrift bildet die Grundlagenkrise der modernen evangelischen Theologie."

[49]Kritisch meint die Fähigkeit zu unterscheiden; es bezeichnet die Urteilsfähigkeit. In diesem Verständnis können Exegese und Theologie nicht anders als kritisch sein.

[50]Vgl. dazu Rothen, Bernhard, Die Klarheit der Schrift. Teil 1: Martin Luther — Die wiederentdeckten Grundlagen, Göttingen, 262 S., 1990, S. 11-14. Weiter

Bayer, Oswald, Theologie, Handbuch systematischer Theologie, Bd. 1, hrsg. von Carl Heinz Ratschow, Gütersloh, 548 S., 1994, S.123ff.

[51]Engel, Herbert, Kirchliche Stellungnahmen von 1968 bis 1992, Kittelberg, Barbara; Schürger, Wolfgang, Heilig-Achneck, Wolfgang (Hrsg.), Was auf dem Spiel steht. Diskussionsbeiträge zu Homosexualität und Kirche, München, S. 84-128, 1993, S.124f. Weiter: Barz, Monika; Leistner, Herta, Wild, Ute, Lesbische Frauen in der Kirche. 2. überarb. Auflage (1. Aufl.: Hättest du gedacht, daß wir so viele sind?), Stuttgart, 1993, S.208f. Sie setzen dort in ihrer Vision für das Jahr 2025 Ehe und Familie als Keimzelle der Gesellschaft außer Kraft und proklamieren das integrale Zeitalter. Bisweilen wird sogar der Eindruck erweckt, „das eigentlich ‚Krankhafte', nämlich nicht in seiner Fülle gelebte sexuelle Leben, sei das monogame Leben heterosexueller Menschen." Eibach, Ulrich, Homosexualität und Kirche, Theologische Beiträge, 25, 4, S. 192-211, 1994, S.200.

[52]Dazu Werner, Roland, Homosexualität und die Vollmacht der christlichen Gemeinde, Theologische Beiträge, 25, 4, S. 223-240, 1994, hier S. 224-228.

[53]Diese Ziele lassen sich sehr klar bei Herbert Marcuse identifizieren. Er stellt vor allem die Sexualität in den Dienst der Schaffung eines Menschentyps, der eine andere Sprache spricht, andere Ausdrucksformen hat und anderen Impulsen folgt. Dazu gehören z.B. der methodische Einsatz von Obszönitäten und die Ermutigung zur Homosexualität. Vgl. Marcuse, Herbert, Schriften, Bd.8, Frankfurt a.M., 1984, S. 260; 248; 271. Weiter Mosen, der die Ziele der Homosexuellen-Bewegung beschreibt. Dazu gehört u.a. die „völlige Neudefinierung von Ehe, die Aufhebung aller Einschränkungen bezüglich Anzahl und Geschlecht der Partner, die eine ‚Ehe' miteinander eingehen." Mosen, Noel, Homosexualität, Gesellschaft und Politik. Bericht eines Insiders, Beitrag zum Internationalen Symposium in Reichelsheim, Hofmann; Horst-Klaus; Parzany, Ulrich; Vonholdt, Christi; Werner, Roland, Die andere Seite. Homosexualität und christliche Seelsorge, Werkausgabe. Deutsches Institut für Jugend und Gesellschaft, Arbeitskreis Biblische Seelsorge e.V., Reichelsheim, Christen in der Offensive e.V., S.156-187, 1995, S. 160.

[54]Hier handelt es sich im Grunde um den Dualismus Kants, der diastatisch innen und außen, Moralität und Legalität unterscheidet. Hegel versucht dies zu überwinden, indem er die Sittlichkeit in der Moralität verankert und Gesinnungsethik und Institutionen wechselseitig verschränkt. Vgl. Bayer, Freiheit, S.105.

[55]Pöhlmann, Wolfgang, Ehe und Sexualität im Strukturwandel unserer Zeit,

Bayer, Oswald (Hrsg.), Ehe. Zeit zur Antwort, Neukirchen-Vluyn, S. 29-59, 1988.

[56]Reich, Wilhelm, Die sexuelle Revolution. Zur charakterlichen Selbststeuerung des Menschen, Frankfurt, 1971 (Nachdruck).

[57]Plack, Arno, Die Gesellschaft und das Böse, 1967, S. 143 und 337.

[58]Wannenwetsch, Bernd, Kondomierte Moral. Die Sorge um die Gesundheit setzt ethische Normen, Lutherische Monatshefte, 33, S. 30-32, 12/1994, S. 31. Vgl. weiter a.a.O., S. 30: Das Kondom als Symbol liberaler Moralität präsentiert in perfekter Weise „die beiden Grundpfeiler der Freiheitsvorstellung, der sich solche Moralität verpflichtet weiß: Freiheit als Freiheit individueller Wahl der Lebensumstände, die ihre Grenze zu tun und zu lassen, was sie will, erst an der Freiheit des anderen findet, welche sich...ihrerseits zuerst in dessen körperlicher Unversehrtheit auszuweisen hat."

[59]Spiegel, Der, „Sex muß schärfer werden", Spiegel 1996, 23, S. 114-136.

[60]Pöhlmann, a.a.O., S.32f.

[61]Dazu noch vor fast 20 Jahren die gemeinsame Erklärung des Rates der Evangelischen Kirche in Deutschland und der Deutschen Bischofskonferenz, Grundwerte und Gottes Gebot, Hrsg. von der Kirchenkanzlei der EKD und dem Sekretariat der Deutschen Bischofskonferenz, Gütersloh; Trier, 1979, S.33f.

[62]Dabei bildet die Verläßlichkeit und Eindeutigkeit hinsichtlich der Verhütung gleichsam einen „Sicherheitsrahmen", „innerhalb dessen Uneindeutigkeit und Unverläßlichkeit hinsichtlich der eingegangenen Beziehungen kaum mehr den Stellenwert einer moralisch diskutablen Thematik annehmen." So einleuchtend Wannenwetsch, Moral, S. 31. Auch Halter, Hans, Mathematik des Seitensprungs, Spiegel spezial, 5, 1995, S. 24-26.

[63]Diese Sicht stammt von Immanuel Kant.

[64]Auch hier u.a. Pöhlmann, Ehe und Sexualität, S.33-35.

[65]Der gleichsam theologische Trick, der die Öffnung der Ehe in eine Fülle von Lebensformen plausibel macht, besteht darin, daß der Zusammenhang von Beziehungsqualität und Beziehungsform, wie er sich in der Bibel im Laufe der Erfahrungsgeschichte des Glaubens im Hören auf Gott ausgeprägt hat, in gnostisierend existentialistischer Manier aufgelöst wird. Die abstrakte Qualität wird auf diese Weise frei, sich spielend experimentierend eine fast beliebige Form zu schaffen. Für die Bibel verleiblicht sich die Qualität in der Form. Beide verdanken sich dem Hören auf Gott. Der befreienden Erwählung in der Geschichte

entspricht in der Bibel die Bindung durch das konkrete Gebot. Dieses hat seinen Orientierungspunkt in Gott und erst dann im Menschen. Beispiele aus der Nordelbischen Kirche für den hier angewandten theologischen Trick sind das theologische Grundsatzpapier der Nordelbischen Arbeitsgemeinschaft für Frauenarbeit vom 11.3.1995 oder der Beitrug des Theologischen Beirats in: Halbe, Jöm (Hrsg.), Beitrag des Theologischen Beirates der NEK zur Beratung auf der NEK-Synode im Herbst 1995 und im Frühjahr 1996, Nordelbische Stimmen 5, 1995, S. 22-23.

[66]Beispiele aus der Nordelbischen Kirche für den hier angewandten theologischen Trick sind das theologische Grundsatzpapier der Nordelbischen Arbeitsgemeinschaft für Frauenarbeit vom 11.3.1995 oder der Beitrug des Theologischen Beirats in: Halbe, Jöm (Hrsg.), Beitrag des Theologischen Beirates der NEK zur Beratung auf der NEK-Synode im Herbst 1995 und im Frühjahr 1996, Nordelbische Stimmen 5, 1995, S. 22-23.

[67]Beck-Gernsheirn, Elisabeth, Auf dem Weg in die postfamiliale Familie. Von der Notgemeinschaft zur Wahlverwandtschaft, Aus Politik und Zeitgeschichte. Beilage zur Wochenzeitung Das Parlament, B 29-30; 22. Juli 1994, S. 3-14.

[68]Beck-Gernsheim, a.a.O., S.6.

[69]Ebd.

[70]AaO. S.3.

[71]Ebd.

[72]Ebd.

[73]Bertram, Hans, Die Stadt, das Individuum und das Verschwinden der Familie, Aus Politik und Zeitgeschichte. Beilage zur Wochenzeitung Das Parlament, B 2930/94, 22. Juli 1994, S. 15-35, hält präzisierend den Ausdruck Individualisierung nicht für angemessen. Er sieht in der Entwicklung eine Singularisierung, weil „heute das Single-Dasein zwischen 27 und 45 Jahren eine typische Lebensform in urbanen Zentren geworden ist.ä.a.O., S.22.

[74]Beck-Gernsheim, S.5f.

[75]AaO. S. 9

[76]Peter L. Berger/Hansfried Kellner, Die Ehe und die Konstruktion der Wirklichkeit, in: Soziale Welt, 1965, 3, S. 220-235 (dort 222); zitiert nach Beck-Gemsheim, S.9.

[77]Statistisches Bundesamt 2011.

[78]Wesentliche Einsichten zu Luthers Ehe- und Familienverständnis verdanke ich im Folgenden Oswald Bayer.

[79]Josuttis, Manfred, Gottesliebe und Lebenslust. Beziehungsstörungen zwischen Religion und Sexualität, Gütersloh, 1994.

[80]Hüter des Gewissens? Zum Einfluß sozialwissenschaftlichen Denkens in Theologie und Kirche. (Schriften zur Kultursoziologie, Bd.6, Reimer Verlag, Berlin 1986.

[81]Lohfink, Gerhard, Wie hat Jesus Gemeinde gewollt? Zur gesellschaftlichen Dimension des christlichen Glaubens, Freiburg, Basel, Wien, 7. Aufl. 1987, S.142ff. und S.181ff. zur Alten Kirche. „In der Bibel ist das Volk Gottes immer als Kontrastgesellschaft verstanden."(S. 142). Diese Sicht hatte bereits Werner Elert für die Gegenwart nachdrücklich betont. Oswald Bayer faßt seine Thesen zusammen: Im Blick auf unsere Kultur zeige sich ein ungeheurer Pluralismus der Weltanschauungen und ein dem entsprechender Relativismus. Das Christentum kann sich vor seinem völligen Untergang nur retten, wenn es seine Distanz zu seiner Zeit und ihren relativistischen Strömungen wahrnimmt und die Diastase betont. Nach Bayer, Oswald, Theologie, Handbuch systematischer Theologie, Bd. 1, hrsg. von Carl Heinz Ratschow, Gütersloh, 548 S., 1994, S.282f.

[82]Vgl. dazu Rebell, Walter, Alles ist möglich dem, der glaubt. Glaubensvollmacht im frühen Christentum, München, 1989.

[83]Vgl. Harnack, Adolf von, Die Mission und Ausbreitung des Christentums in den ersten drei Jahrhunderten, Wiesbaden, Nachdruck der 4. Aufl. 1924, S. 226ff.(228). Bardy, Gustave, Menschen werden Christen. Das Drama der Bekehrung in den ersten Jahr- hunderten, hrsg. von Josef Blank, Freiburg Basel Wien, 1988, S. 208ff.

[84]Vgl. Riesner, Rainer, Apostolischer Gemeindebau. Die Herausforderung der paulinischen Gemeinden, Gießen, 1978, S. 86: „Der Entschluß, lieber eine Minderheit mit eindeutiger Identität zu bleiben, ist die Voraussetzung für weltverändernde Wirksamkeit"

[85]Vgl. dazu Bayer, Oswald, Theologie, Handbuch systematischer Theologie, Bd. 1, hrsg. von Carl Heinz Ratschow, Gütersloh, 1994, S. 347ff.; Bayer, Oswald, Die Ehe zwischen Evangelium und Gesetz, Zeitschrift für Evangelische Ethik, 25, S. 164-180, 1981; Peters, Albrecht, Gesetz und Evangelium, Handbuch Systematischer Theologie, Bd. 2, Gütersloh, 351 S., 1981 (2. Aufl. 1994); vor allem für

unseren Zusammenhang S. 47ff.

[86]Der Philosoph Günter Rohrmoser spricht in diesem Zusammenhang von der „schlimmsten Wunde, die sich das Christentum selbst zugefügt hat". Rohrmoser, Günter, Der Ernstfall. Die Krise unserer liberalen Republik, Ullstein TB, Frankfurt a.m., Berlin 1995, S. 366.

[87]Der Verzicht darauf, diese lutherische Spannung durchzuhalten, kennzeichnet alle Versuche, gegenwärtig das verlorene Paradies der Freiheit zurückzuerobern, indem zwischen Beziehungsqualität und Beziehungsform unterschieden wird.

[88]Das hat der Soziologe Kamphausen, Hüter des Gewissens, deutlich wahrgenommen; a.a.O., S. 102-145.

[89]Kamphausen, a.a.O., S. 132ff. Er spricht im Anschluß an E. Müller von einer Sakralisierung der Diskussion. Die aber kann nur biblischen Gewinn bringen, wenn alle Teilnehmer in der Bibel beheimatet und gewillt sind, Gottes Wort in Gesetz und Evangelium zu hören.

[90]Bayer, Oswald, Zeit zur Antwort. Ehe als freie Lebensform, Elternschaft und Beruf, Bayer, Oswald (Hrsg.), Ehe. Zeit zur Antwort, Neukirchen-Vluyn, S. 12-28, 1988, S. 18f. Das kann auch Josuttis nicht übersehen: „Denn jede Liebe, die dem anderen als einem freien Partner gilt, will ihre eigene Dauer. Insofern ist die lebenslange Einehe das institutionelle Pendent jeder wirklich humanen Liebe...''Josuttis, Manfred, Gottesliebe und Lebenslust. Beziehungsstörungen zwischen Religion und Sexualität, Gütersloh, 1994, S. 56. Er zieht daraus allerdings wie andere auch keine Konsequenzen für den Zusammenhang von Beziehungsqualität und Beziehungsform, und bleibt darum eigenartig realitätsfremd.

[91]Josuttis will in seiner Streitschrift die Ehe in Richtung auf verschiedenartige Lebensformen öffnen. Um Kirche und Ehe zu scheiden, weist er mit Foucault darauf hin, daß schon im vorchristlichen Hellenismus, etwa in der stoischen Philosophie, „die Intimität, die Singularität und die Exklusivität der ehelichen Partnerbeziehung entdeckt" wurde (a.a.O., S. 55; S. 132-134), und mit Eibl-Eibesfeldt macht er darauf aufmerksam, daß wir „bisher keine Menschengruppe" kennen, „die ohne eheliche Dauerpartnerschaft lebt." Aus der damit gegebenen Feststellung, daß die Ehe keine Erfindung der christlichen Kirche ist, zieht er allerdings die falsche Schlußfolgerung, daß die Ehe damit für Christen auch zur Disposition gestellt werden könne. Dieser von ihm bemerkte anthropologische Befund stützt im Gegenteil die biblische Überzeugung, daß die Ehepartnerschaft zwischen Mann und Frau dem Schöpferwillen Gottes entspricht.

[92]Vgl. Bayer, Zeit zur Antwort, S. 12f. Bayer weist richtig darauf hin, daß sich auch bei antiinstitutionell gestalteten Lebensformen die Wirklichkeit wieder meldet in Form von Mietkonflikten oder Vermögensauseinandersetzungen, wenn dann die Hilfe des staatlichen Rechts in Anspruch genommen oder grundsätzlich ein staatlicher Schutz für solche Lebensformen gefordert wird. Auch ders. Ehe, S. 177.

[93]Vgl. dazu Bayer, Oswald, Die Ehe zwischen Evangelium und Gesetz, Zeitschrift für Evangelische Ethik, 25, S. 164-180, 1981, S. 172f.

[94]Sowohl 1. Mose 1, wie 2.

[95]Die Begriffe, die in diesem Zusammenhang verwendet werden, beschreiben die Hochzeit als den Beginn, oder sie bezeichnen die Rechtsstruktur der Beziehung z.B. im Sinne des Patriarchats. Vgl. bei Wolff, H. W., Anthropologie des Alten Testaments, München, 2. Aufl. 1973, S. 243ff. Mann und Frau sind in der Regel der Großfamilie eingeordnet. Im deutschen Register des ThAT etwa findet sich das Wort Ehe nicht.

[96]Wolff, aaO. S. 237.

[97]Vgl. zu den Konsequenzen für die Sexualethik des Paulus: Kirchhoff, Renate, Die Sünde gegen den eigenen Leib. Studien zu πόρνη und πορνεία in 1. Kor. 6,12-20 und dem sozio-kulturellen Kontext der paulinischen Adressaten, in: Studien zur Umwelt des Neuen Testaments 18, Göttingen, 1994, S. 159-167.

[98]Vgl. dazu Steck, Odil Hannes, Die Paradieserzählung. Eine Auslegung von Gen. 2,4b-3,24, Biblische Studien 60, Neukirchen, 1970, S. 95.

[99]Wolff, a.a.O., S. 248.

[100]Ebd. Auch Pöhlmann, Wolfgang, Ehe und Sexualität im Strukturwandel unserer Zeit, in: Bayer, Oswald (Hrsg.), Ehe. Zeit zur Antwort, Neukirchen-Vluyn, S. 29-59, 1988, S. 30f.

[101]Pöhlmann, aaO. S. 36.

[102]So richtig Baumert, Norbert, Frau und Mann bei Paulus. Überwindung eines Miß- verständnisses, Würzburg, 1991, S. 346.

[103]Für Ehe steht im Griechischen das Wort (γάμος)

[104]Becker, Jürgen, Zum Problem der Homosexualität in der Bibel, ZEE 31, 1987, S. 36-59, S. 47; 56: „Nur die strenge Einehe ist Norm. Daneben gibt es nur die sexuelle Askese." Zu Qumran vgl. CD 4,20f.

[105] Mt. 5,27f.; 19,8. Für das zeitgenössische Judentum wurde die Frau in der Ehe eher unter den Sachwerten eingeordnet.

[106] Dieser Eindruck wurde durch ein falsches Verständnis von 1. Kor. 7, sowie durch eine mißverstandene Deutung gewisser Aussagen Luthers gewonnen. Zu Luther vgl. Peters, Albrecht, Kommentar zu Luthers Katechismen. Band 1: Die Zehn Gebote, hrsg. von Gottfried Seebaß, Göttingen 1990, S. 226-254. Zu 1. Kor. 7 vgl. vor allem Baumert, Norbert, Frau und Mann bei Paulus. Überwindung eines Mißverständnisses, Würzburg, 1991, S. 340ff. Baumert betont, daß Paulus den wechselseitig gewährten Lustgewinn in der Ehe im Blick hat.

[107] WA 301,162,6-11.

[108] Vgl. Pannenberg, Wolfhart, Systematische Theologie Bd. 3, Göttingen, 1993, S. 391-398.

[109] AaO. S. 392.

[110] Ebd.

[111] Dabei wird sie „weder divinisiert noch dämonisiert", Pöhlmann, aaO. S. 36.

[112] AaO. S. 37.

[113] WA 10 II, 296, 31

[114] Vgl. Traubüchlein, in: BSLK S. 612,29.

[115] Peters, Katechismen 1, S. 240.

[116] 1. Mose 1,27: „Und Gott schuf den Menschen zu seinem Bilde, zum Bilde Gottes schuf er ihn; und schuf sie als Mann und Weib." 1. Mose 2,18: „Und Gott der HERR sprach: Es ist nicht gut, daß der Mensch allein sei; ich will ihm eine Gehilfin machen, die um ihn sei." (Wörtlich: ich will ihm eine Hilfe schaffen als sein Gegenüber, d.h. die zu ihm paßt). 1. Mose 2,23: „Da sprach der Mensch: Das ist doch Bein von meinem Bein und Fleisch von meinem Fleisch; man wird sie Männin nennen, weil sie vom Manne genommen ist. Darum wird ein Mann seinen Vater und seine Mutter verlassen und seinem Weibe anhangen, und sie werden sein ein Fleisch." Luther versucht mit „Männin" und „Mann" ein hebräisches Wortspiel wiederzugeben.

[117] Unangemessen sind alle Beziehungsstrukturen, in denen die Gleichwertigkeit von Mann und Frau verhindert wird. Das hat die feministische Theologie dem Bewußtsein der Christenheit irreversibel eingeprägt.

[118] Auch Josuttis urteilt: „Die Ehe, wie sie sich im Lauf der Gattungsgeschich-

te und im Lauf der biblischen Überlieferung entwickelt hat.., bildet in der Tat die Hochform menschlicher Beziehungskultur." Josuttis, Manfred, Gottesliebe und Lebenslust, S. 59. Angesichts dieser Ehelaudatio bleibt unverständlich, wie Josuttis dann sein Plädoyer Für variable Formen theologisch begründet.

[119] „Jesus sieht in der Ehe die Urform menschlicher Gemeinschaft". Stauffer, E. in: ThWNT I, S. 647.

[120] Vgl. Bonhoeffer, Dietrich, Ethik, zusammengestellt und herausgegeben von Eberhard Bethge, München, 1956, S. 118: Von dieser grundsätzlichen Verweigerung unterscheidet Bonhoeffer verantwortliche Geburtenregelung (S. 119). Diesen Gesichts- punkt unterstreicht die Stellungnahme der Evangelisch-Theologischen Fakultät der Rheinischen Friedrich-Wilhelm-Universität Bonn vom 27.11.1996, in der das Diskussionspapier der rheinischen Kirche zu „Sexualität und Lebensformenßowie „Trauung und Segnungïn wesentlichen Fragen vernichtend kritisiert wird.

[121] Vgl. Zu Gottes trinitarischem Sein in Beziehung Barth, Karl, Die Kirchliche Dogmatik III,2. Die Lehre von der Schöpfung. Zweiter Teil, Zollikon-Zürich, 1948, S. 390. Michel, Karl-Heinz, Der dreieine Gott und die Einheit von Mann und Frau, Theologische Beiträge, 25, 4, S. 212-222, 1994; weiter: Wannenwetsch, Bernd, Die Freiheit der Ehe. Das Zusammenleben von Frau und Mann in der Wahrnehmung evangelischer Ethik, in: Evangelium und Ethik, hrsg. von Hans G. Ulrich und Reinhard Hütter, Neukirchen-Vluyn, 1993, S. 99ff.

[122] 1. Kor. 6,16: „Oder wißt ihr nicht, daß wer sich an die Hure hängt, ein Leib mit ihr ist"(ἓν σῶμά ἐστιν) (Übersetzung Fridolin Stier) 1. Mose 2,24: „Darum läßt ein Mann seinen Vater und seine Mutter und haftet seinem Weibe an, und sie werden zu Einem Fleisch."(lewasar ächad); nach Buber.

[123] Vgl. z.B. die Denkschrift zu Fragen der Sexualethik, Hrsg. von der Kirchenkanzlei der EKD, erarbeitet von einer Kommission der Evangelischen Kirche in Deutschland, Gütersloh, 1971, S.14 (4.).

[124] Vgl. Kentler, Helmut, Die Menschlichkeit der Sexualität. Berichte, Analysen, Kommentare, (Hrsg.), München, 1983, S. 37ff. Er greift wenig überzeugend zu einer vergangenen Polaritätskarikatur, die heute niemand mehr ernsthaft vertritt

[125] Kuntz-Brunner, Ruth, Bisexualität. Doppelte Sehnsucht – doppelte Scham, Reinbek 1994 (rororo 1290), S. 56–62.

[126] Vgl. Plato, Symposion 189c-193d; gegenwärtig etwa Wolff; Ch., Bisexuali-

tät, Frankfurt (Main), 1979, S. 169: „Die Bisexualität ebnet die Geschlechtsunterschiede weitgehend ein und läßt die androgyne Natur des Menschen hervortreten." Auf dieser Linie liegen viele Ansätze der feministischen Theologie. Vgl. dazu Kuenzlen, Gottfried, Der neue Mensch. Zur säkularen Religionsgeschichte der Moderne, München (2. Aufl. 1994), 247f. Zur Androgynität Bayer, Oswald, Die Ehe zwischen Evangelium und Gesetz, Zeitschrift für Evangelische Ethik, 25, S. 164- 180, 1981, S. 172. Weiter Wannenwetsch, Freiheit der Ehe, S. 100f; Barth, Karl, Die Kirchliche Dogmatik III,4. Die Lehre von der Schöpfung. Vierter Teil, Zollikon-Zürich, 1969, S. 174.

[127]Der sogenannte androgyne Mensch mit unterstellter Bisexualität steht im Verdacht, dem sozialen Gott nicht gerecht zu werden, weil er narzißtisch zumindest in einer Tendenz zur Selbstbezogenheit und sexuellen Autarkie lebt. Vgl. auch Denkschrift zu Fragen der Sexualethik, S. 15 (6.).
In späteren Ausgaben der Mischna haben die Lehrer Israels von der Beobachtung her, daß es auch in dieser Hinsicht medizinisch beschreibbar Behinderung und Deformation gibt, versucht, diesen Komplex religionsjuristisch zu ordnen. Vgl. den Traktat Androgynos in: Goldschmidt, Lazarus, Der babylonische Talmud nach der ersten zensurfreien Ausgabe unter Berücksichtigung der neueren Ausgaben und des handschriftlichen Materials neu übertragen, Darmstadt 1996, Nachdruck der 2. Aufl. 1967 (1. Aufl. 1929), Bd. 1, S. 435-436.

[128]Die Bischöfin und der Hausmann sind eine von vielen Möglichkeiten.

[129]Bayer, Zeit, S. 18.

[130]WA 10 II, 295,16 - 296,10.

[131]Irenäus Eibl-Eibesfeldt stellt aus der Sicht der Verhaltensforschung lapidar fest: „Der Mensch ist biologisch auf sexuelle Dauerpartnerschaft angelegt." Die Biologie des menschlichen Verhaltens. Grundriß der Humanethologie, München-Zürich, (2. überarb. Aufl.) 1986, S. 331.

[132]Bayer, Zeit, S. 18f.

[133]Vgl. dazu Bayer, Freiheit als Antwort, S. 213ff.

[134]In diesem Zusammenhang greift Jesus „mit seinem Einsetzungswort auf die Schöpfungsordnung der Urzeit zurück, um die elementare Einheit und Unantastbarkeit der Ehe sicherzustellen...SStauffer, ThWB I, S. 647.

[135] Dies wird besonders deutlich Hes. 23, wo in der Allegorie Jahwe der Mann von 2 Frauen (Juda und Israel) ist.

[136]Bei einfachen Leuten erfahren wir wenig über die Mehrehe. Elkana, Samuels Vater, hatte 2 Frauen (1. Sam 1,2).

[137]Vgl. Wannenwetsch, Freiheit zur Ehe, S. 102f. Er beschreibt – Ringeling (Hermann, Theologie und Sexualität. Das private Verhalten als Thema der Sexualethik. Studien zur evangelischen Theologie 5, Gütersloh 1968) folgend – die „Tendenz zur Etablierung der Einehe" in der Bibel, bestreitet allerdings richtig, daß sie lediglich ein kulturelles Abfallprodukt der prophetischen Kultkritik sei. „Im allgemeinen wird damit gerechnet, daß der Bund zwischen der ‚Frau der Jugend'... und dem ‚Mann der Jugend'... in der Einehe als Grundform gewahrt wird."Wolff faßt bereits für alte Schichten des Alten Testaments zusammen: „Als Liebesehe tendiert die altisraelitische Ordnung viel kräftiger zur Einehe denn als Rechtsinstitut", a.a.O., S. 249. Roland de Vaux weist darauf hin, daß der „Bericht über die Erschaffung des ersten Menschenpaares, 1. Mose 2,21-24, erweist, daß die Einehe dem Willen Gottes entspricht." Vaux, Roland de, Das Alte Testament und seine Lebensordnungen I, Freiburg Basel Wien, 2., durchges. Aufl. 1964, S. 52ff. Die Patriarchen aus der Linie Seth wie Noah lebten monogam (1. Mose 7,7.); die Polygamie tauche in der verworfenen Linie Kains auf – z.B. bei Lamech (1. Mose 4,19). Aber in allen Fällen bleibe selbst hier „eine gewisse Monogamie gewahrt es gibt in der Frühzeit stets nur eine eigentliche Gattin, die alle Rechte besitzt." Diese Einschränkungen fallen erst unter den Richtern und in der Zeit der Könige weg. Die Bigamie wird dann auch in 5.Mose 21,15ff als legal anerkannt. a.a.O., S. 52f.

[138]Spr. 2.16f. „Denn ins Herz wird Weisheit dir kommen...da sie dich rettet vorm fremden Weibe, vor der Ausheimischen, die glatt redet, die den Gefährten ihrer Jugend verläßt, vergessen hat den Bund ihres Gottes...."(nach Buber). Hier könnte allerdings auch eine Anspielung auf Astarte und den kanaanäischen Fruchtbarkeitskult vorliegen. Vgl. Ringgren, Helmer, in: Sprüche/Prediger, übersetzt und erklärt von Helmer Ringgren und Walther Zimmerli, ATD 16,1, Göttingen, 3., neubearbeitete Auflage 1980, S. 19.

[139]Ringeling trifft daneben, wenn er aus seiner Entwicklungsskizze den Schluß zieht, diese Tendenz zur Monogamie sei ein Abfallprodukt der prophetischen Kultkritik, die mit der intendierten Ablehnung der sakralen Prostitution zugleich ungewollt erreichte, daß sich „der Mann mit seiner Ehe begnügen, daß er...in seiner Frau nun auch seine Geliebte finden muß." So in: Theologie und Sexualität, S. 25.

[140]Vgl. u.a. Am. 3,2: „Aus allen Geschlechtern auf Erden habe ich allein euch erkannt, darum will ich auch an euch heimsuchen all eure Sünde."

[141]Vgl. dazu Wannenwetsch, Freiheit zur Ehe, S. 103.

[142]Mt 5,28 u.ö.

[143]Diese Analogie zwischen Gottes- und Ehebund hat in der Gegenwart vor allem Karl Barth herausgestellt. - vgl. KD III,4, S. 241

[144]Ringeling, Hermann, Theologie und Sexualität. Das private Verhalten als Thema der Sexualethik, Studien zur evangelischen Theologie 5, Gütersloh, 1968, S. 249; Wannenwetsch, Freiheit zur Ehe, S. 102f.; Schenk, a.a.O., S. 68f. versucht Eph. 5,21-33 in seiner fundamentalen Gleichnisbedeutung aus den Angeln zu heben, indem er den Abschnitt mit Schüssler-Fiorenza als Zementierung der Institution eines patriarchalischen Familienvaters diffamiert, der als androzentrische Anmaßung in der Beanspruchung Christi abzuweisen sei. Im Banne der emanzipatorischen Ideologie hat er das revolutionäre Potential dieses Abschnittes nicht wahrzunehmen vermocht. Das hat auch Barth, KD III,4, S. 189; 195 verkannt. Das Ὑποτασσόμενοι ἀλλήλοις ἐν φόβῳ Χριστοῦ = seid einander untertan in der Furcht Christi (Eph. 5,21) steht der Diffamierung bereits kräftig im Wege. Es markiert das Fundament der Ermunterung (Paraklese) zur Unterordnung. In dem ἀλλήλοις klingt Gal. 3,28 an.

[145]Pannenberg, Theologie III, S. 396.

[146]Der Aspekt lebenslanger Treue war für Luther unabdingbar, auch wenn er die Ehe ein „weltlich Geschäft" nannte und die Scheidung in Ausnahmefällen gestatten konnte.

[147]WA 9,216,29-34.

[148]Bayer, Oswald, Zeit zur Antwort. Ehe als freie Lebensform, Elternschaft und Beruf, in: Bayer, Oswald (Hrsg.), Ehe. Zeit zur Antwort, Neukirchen-Vluyn, S. 12-28, 1988, S. 14ff.

[149]Solche Formen, die notwendigerweise offen sind „für die Erkundung künftiger Lebensabschnittspartner", heben „die Erfahrung und Übung treuer Liebe auf ... in eine Leichtigkeit des Seins", stellt Bayer kritisch fest Siehe Freiheit als Antwort, S. 227.

[150]O'Neill, Nena; O'Neill, George, Die offene Ehe. Konzept für einen neuen Typus der Monogamie, Bern, 1972.

[151]Pöhlmann, Wolfgang, Ehe und Sexualität im Strukturwandel unserer Zeit, Bayer, Oswald (Hrsg.), Ehe. Zeit zur Antwort, Neukirchen-Vluyn, S. 29-59, 1988, S. 42.

[152] Bayer, Zeit, S. 18.

[153] Bayer, Freiheit als Antwort, 1995, S. 215.

[154] „Darum ist es die höchste Kunst, die allein den Christen und denen, die Christen sein wollen, eigen ist, daß man das eheliche Leben von dem Hurenleben zu unterscheiden weiß, so daß ein Ehemann gewiß ist und sagen kann: ‚Diese Frau hat mir Gott gegeben, bei der soll ich wohnen' und eine Ehefrau sagen kann: ‚Diesen Mann hat mir Gott gegeben, bei dem soll ich zu Bette und zu Tische wohnen.' Wohlan, diese Kunst ist hoch und notwendig zu wissen. Die lerne, wer da kann!" WA 34 I, 54,1-5.

[155] Bayer, a.a.O., S. 215f.

[156] Peters, Albrecht, Kommentar zu Luthers Katechismen. Band 1: Die Zehn Gebote, hrsg. von Gottfried Seebaß, Göttingen 1990, S. 246f.

[157] WA 30 III, 205,12.

[158] Hld 8,6; vgl. G. Fohrer u.a., Hebräisches und aramäisches Wörterbuch zum Alten Testament, Berlin, New York, 1971, S. 284; allerdings textkritisch nicht völlig gesichert.

[159] 1. Kor. 6,16 zeigt Paulus dies am negativen Beispiel des Koitus mit der Hure, in dem beide „ein Fleisch" sind. Auch hier wird der schöpfungstheologische Typos in den Dienst der Beziehung des Glaubenden zu seinem Herrn gestellt, die beide „ein Geist" sind.

[160] Vgl. Peters, Katechismen 1, S. 231 mit Graf Reventlow, H., Gebot und Predigt im Dekalog, Gütersloh 1962, S. 77.

[161] KD III,4, S.148.

[162] Vgl. zu Paulus etwa Schrage, Wolfgang, Die konkreten Einzelgebote in der paulinischen Paränese. Ein Beitrag zur neutestamentlichen Ethik, Gütersloh, 1961, S. 219f.

[163] Nach 2. Mose 21,7-11 kann ein Mann seine Tochter als Sklavin zum ehelichen Verkehr verkaufen; sie darf jedoch nicht als Sklavin weiterverkauft werden. Sie ist keine Ware zur Lustbefriedigung.

[164] Ebd.

[165] Dabei muß man allerdings die Qual der Eifersucht bei Frauen einkalkulieren (1. Sam. 1). Dies bibelorientierte Bedürfnis, die Macht der Sexualität zu würdigen und ihr den Schutzraum der Ordnung zu geben, führt Luther zu seinem

katastrophalen Bigamierat an Philipp von Hessen oder zur Scheidungs- und Wiederverheiratungserlaubnis etwa im Fall der Impotenz des Mannes. Im AT besagt das Ehebruchsverbot nicht, daß der außereheliche Geschlechtsverkehr als erlaubt und frei angesehen wurde. - vgl. Peters, a.a.O., S. 231 mit Reventlow.

[166]Luther WA 6,467,18.

[167]Vgl. Becker, Homosexualität, S. 53: „Die Ehe ist der einzige Ort, an dem Sexualität unter das Stichwort der Heiligung gestellt ist, darum fällt alles andere unter die Hurerei..." Diese Feststellung Beckers gilt auch, wenn σκεῦος (4) nicht die Ehefrau bedeuten, sondern den Leib meinen sollte. Die exegetische Situation hatte bereits Dobschütz, Ernst von, Die Thessalonicher-Briefe, in: KEK X, Göttingen, 1909, S.161- 167, gründlich dargelegt. Er deutet σκεῦος mit vielen anderen als Ehefrau. Er verweist u.a auf rabbinische Parallelen. Vgl. Bill III, S. 632f. So auch Kirchhoff, Renate, Die Sünde gegen den eigenen Leib. Studien zu πόρνη und πορνεία in 1. Kor. 6,12-20 und dem sozio-kulturellen Kontext der paulinischen Adressaten, in: Studien zur Umwelt des Neuen Testaments 18, Göttingen, 1994, S. 31f. Vgl. weiter Baumert, Norbert, Ehelosigkeit und Ehe im Herrn. Eine Neuinterpretation von 1. Kor. 7, fzb 47, Würzburg, 1984, S. 355f.; Baumert, Frau und Mann bei Paulus Überwindung eines Mißverständnisses, Würzburg, 1991, S. 144-149, stimmt in seiner originellen Deutung mit fast allen darin überein, daß eheliche Sexualität Gelegenheit zur Heiligung ist.

[168]Pöhlmann, a.a.O., S. 38f.

[169]Schrage, Einzelgebote, S. 220.

[170]Gottesliebe und Lebenslust, S. 19-25.

[171]Oberman, Heiko Augustinus, Luther. Mensch zwischen Gott und Teufel, Berlin (hier DTB 10683), 1982 (hier unv. 1986), S. 287f.

[172]WA 18,275,19-28 zitiert nach Oberman, Luther, S. 288.

[173]Peters, Katechismen 1, S. 242.

[174]Ebd.

[175]Traubüchlein, in: BSLK S. 615,11. Peters, Katechismen 1, S. 244.

[176]Oberman, Luther, S. 289.

[177]Zitiert nach Oberman, Luther, S. 290, der aus dem Lateinischen übersetzt hat; WABr 3,635,23-28.

[178]Vgl. Gambaroff, M., Utopie der Treue, Reinbek, 1990, S. 45. Dies wird durch

eine neue amerikanische Untersuchung, die das Time Magazin „the first comprehensive survey since Kinseynennt, gestützt. Nach ihr kommen konservativ protestantische Frauen am wahrscheinlichsten jedesmal und jederzeit zum Orgasmus (32%). Time- Weekly Newsmagazine, 17.0kt.1994, S. 62ff.

[179] Gottesliebe und Lebenslust, S. 141f.

[180] „Die Tötung der Frucht im Mutterleib ist Verletzung des dem werdenden Leben von Gott verliehenen Lebensrechtes. Die Erörterung der Frage, ob es sich hier schon um einen Menschen handele oder nicht, verwirrt nur die einfache Tatsache, daß Gott hier jedenfalls einen Menschen schaffen wollte und daß diesem werdenden Menschen vorsätzlich das Leben genommen worden ist. Das aber ist nichts anderes als Mord." Bonhoeffer, Dietrich, Ethik, zusammengestellt und herausgegeben von Eberhard Bethge, München, 1956, S. 118. Zur Argumentation vgl. S. 119f. Es ist erschreckend, wie kurzschlüssig die vermeintliche Eigenverantwortlichkeit der Frau hinsichtlich der Abtreibungsentscheidung aus dem Gesamtzusammenhang der Verantwortlichkeit für das sexuelle Leben und seine Folgen herausgelöst wird. Es ist nicht zu verstehen, wieso selbst kirchliche Stellungnahmen zur Abtreibung die Verantwortung von Frau und Mann für die Empfängnis völlig ausblenden, statt hier einen ethischen Gesamtzusammenhang zu reflektieren. Hier haben wir ein typisches Beispiel für segmentiertes Denken. Der sexuelle Lustgewinn erweist sich im nachhinein als mörderische Macht.

[181] So noch 1971 die Denkschrift zu Fragen der Sexualethik, erarbeitet von einer Kommission der Evangelischen Kirche in Deutschland, hrsg. von der Kirchenkanzlei der EKD, Gütersloh, 1971, S. 15 (8.). Weiter S. 27 (38.).

[182] πορνεία: In der Apostelgeschichte z.B. gehört das Verbot der sexuellen Unzucht zu den strikten Minimalforderungen für Heidenchristen. Es steht im sogenannten Aposteldekret. Bei Paulus gehört Unzucht zu den Verhaltensweisen, die von der Teilhabe an der Gottesherrschaft ausschließen (1. Kor. 6,9; vgl. auch Eph. 5,5). Vgl. Kirchhoff, Renate, Sünde, u.a. S. 36f.

[183] Vgl. Hauck/Schulz, πόρνη κτλ., ThWNT VI, S. 590: „Das Neue Testament ist gekennzeichnet durch die unbedingte Ablehnung jedes außerehelichen oder widernatürlichen Geschlechtsverkehrs." Diese Überzeugung teilt das Urchristentum mit dem zeitgenössischen Judentum; vgl. Becker, Homosexualität, S. 47; 53. Ebenso Kirchhoff, Die Sünde, u.a. S. 29ff. Vgl. ihre in der Sache richtig formulierte These „πορνεία verstößt gegen eine Grundordnung, nach der ein Mann grundsätzlich nur mit einer Frau sexuell verkehren soll und eine Frau mit ei-

nem Mann Diese Ordnung gilt für alle Menschen seit der Schöpfung, für Christen (und Christinnen) hat ein Verstoß gegen sie jedoch spezielle Konsequenzen, da nur sie die besondere Handlungsbefähigung und die Bestimmung zur Auferstehung verlieren." (S. 198).

[184]Hauck/Schulz, a.a.O., S. 590: „Die Radikalisierung durch Jesus ist nur deshalb möglich und wirklich, weil das Evangelium als rettende Vergebung die göttliche Dynarnis in dieser Weltzeit offenbart."

[185]Bayer, Oswald, Die Ehe zwischen Evangelium und Gesetz, Zeitschrift für Evangelische Ethik, 25, S. 164-180, 1981.

[186]Jesus hat zölibatär gelebt und Menschen diese Möglichkeit der Berufung in der Kraft des Heiligen Geistes gezeigt (Mt. 19,12); Paulus hat so gelebt und darin eine besondere Möglichkeit angesichts der hereinbrechenden Gottesherrschaft gesehen.

[187]Bayer, Zeit, S. 15-17f.

[188]Wolff, Anthropologie, S. 243.

[189]In 5.Mose 22,29 sind es im Zusammenhang mit einer Strafsache 50 Sh; Lev. 27,4f. 10-30 Sh. An die Stelle des Geldes können Dienstleistungen im Hause des Schwiegervaters treten (Jakob); Saul fordert kriegerische Leistungen von David.

[190]Der Mann nimmt die Frau (Ex. 21,10); er nimmt sie in Besitz (Dtn. 21,13); sie dagegen wird dem Mann zuteil (Num. 30,7); sie wird ihm zur Frau (1. Sam. 25,43b). Es gibt allerdings auch Wendungen, die auf ein partnerschaftliches Verständnis weisen (Hos. 2,18 wird ‚mein Herr' zu ‚mein Mann'). Aber es sind auch andere Ordnungen möglich.

[191]●

[192]Vgl. Claudia Pai, Zwei Mütter und ein Baby. Über die Kinderwünsche homosexueller Frauen und Männer, in Spiegel spezial, 5, 1995, S. 96-98.

[193]Vgl. u.a. Klauck, Hans-Josef, Gemeinde zwischen Haus und Stadt – Kirche bei Paulus, Freiburg Basel Wien, 128 S., 1992, S. 23-30.

[194]Lohfink, Gerhard, Wie hat Jesus Gemeinde gewollt? Zur gesellschaftlichen Dimension des christlichen Glaubens, Freiburg, Basel, Wien, 7. Aufl. 1987, passim; vor allem S. 50ff.; 96ff.; Rebell, Walter, Zum neuen Leben berufen. Kommunikative Gemeindepraxis im frühen Christentum, München, 1990, vor allem S. 30-94.

[195]Peters, Albrecht, Kommentar zu Luthers Katechismen. Band 5: Beichte. Die Haustafel. Das Traubüchlein. Das Taufbüchlein. Mit Beiträgen von Frieder Schulz und Rudolf Keller, hrsg. von Gottfried Seebaß, Göttingen 1994, S. 101.

[196]Pöhlmann, a.a.O., S. 39. Josuttis streitet zwar leidenschaftlich dagegen, aber seine Argumente laufen nur auf ein dagegen gesetztes Bekenntnis zum Pluralismus auf allen Ebenen christlichen Lebens hinaus. Er hat offenbar das biblische Menschenbild, das die Macht der Sünde kennt, ebenso beiseite gesetzt wie die biblische Überzeugung, daß Gott das Leben des Menschen hilfreich durch Lebensstil-Leitlinien ordnet. Darüber hinaus spielt für ihn keine Rolle mehr, daß die Ehe die Lebensform ist, die wie keine andere der für Kinder offenen, ganzheitlich in Raum und Zeit gelebten Liebe zwischen Mann und Frau entspricht. Josuttis, Manfred, Gottesliebe und Lebenslust, S. 45-49. Josuttis wird hier zum Antinomisten. Zu dieser Frage im Zusammenhang mit der Ehe vgl. Bayer, Freiheit als Antwort, S. 199f. Wichtig ist in diesem Zusammenhang das Bemühen von Oswald Bayer, den Institutionsbegriff hinsichtlich der Ehe dadurch zu dynamisieren, daß er ihn in das kritische Gespräch mit der Sprachform des Glaubens in Gesetz und Evangelium setzt. Freiheit als Antwort, S. 241ff.

[197]Nach Pannenberg, Wolfhart, Anthropologie in theologischer Perspektive, Göttingen, 540 S., 1983, S. 416.

[198]Pannenberg, Anthropologie, S. 417.

[199] Pannenberg, Anthropologie, S. 418.

[200]Bayer, Zeit zur Antwort, S. 12.

[201]Eibach, Ulrich, Homosexualität und die christliche Bestimmung für die Lebensformen der Geschlechter, Beitrag zum Internationalen Symposium in Reichelsheim; Hofmann, Horst-Klaus; Parzany, Ulrich; Vonholdt, Christi; Werner, Roland, Die andere Seite. Homosexualität und christliche Seelsorge, Werkausgabe. Deutsches Institut für Jugend und Gesellschaft, Arbeitskreis Biblische Seelsorge, Reichelsheim, Christen in der Offensive e.V., S. 191-218, 1995, S. 194.

[202]So Bayer, Zeit zur Antwort, S. 12f. Bayer weist richtig darauf hin, daß sich auch bei antiinstitutionell gestalteten Lebensformen die Wirklichkeit wieder meldet in Form von Mietkonflikten oder Vermögensauseinandersetzungen, wenn dann die Hilfe des staatlichen Rechts in Anspruch genommen oder grundsätzlich ein staatlicher Schutz für solche Lebensformen gefordert wird. Auch ders., Ehe, S. 177.

[203]Hier liegt eine der wesentlichen Schwächen der Streitschrift von Josuttis.

Die Kirche ist eben doch um des Menschen willen mit der Ehe „als freier Lebensform" (Bayer) verheiratet.

[204]Richtig Pöhlmann, Ehe, S. 41.

[205]WA 49,802,26 (Predigt vom Ehestand aus Hebr. 13,4 vom 4.8.1545).

[206]Pöhlmann, Ehe, S. 41

[207]Rendtorff, Trutz, Ethik, Bd. II, in: Theologische Wissenschaft, Bd. 13,2, Stuttgart, Berlin, Köln, Mainz, 1981, S. 20.

[208]Vgl. Seitz, Manfred, Konkubinat und Kirchen-Rat, in: Bayer, Oswald (Hrsg.), Ehe. Zeit zur Antwort, Neukirchen-Vluyn, S. 119-123, 1988. Er zitiert hier unter Berufung auf Olaf Lingner aus den Erwägungen zum evangelischen Eheverständnis, die der Rat der EKD 1970 veröffentlichte.

[209]Luther hat sein Eheverständnis oft seelsorglich entfaltet; z.B. in der Schrift „Vom ehelichen Leben" 1522 (WA 10.2,275-304

[210]Wannenwetsch, Freiheit zur Ehe, S. 43.

[211]Vgl. Bayer, Oswald, Freiheit als Antwort. Zur theologischen Ethik, Tübingen, 1995, S. 213-216.

[212]Die Monomanie, mit der Barz, Monika; Leistner, Herta, Wild, Ute, Lesbische Frauen in der Kirche. 2. überarb. Auflage (1. Aufl.: Hättest du gedacht, daß wir so viele sind?), Stuttgart, 1993, immer wieder Heterosexualität und Männermacht verbinden, ist offenbar Ausdruck einer tiefsitzenden ungeheilten Verletzung.

[213]„Wer verheiratet ist und das Eheleben nicht (als von Gott geschenkt und aufgegeben) erkennt, der kann nicht ohne Unlust, Mühe und Jammer darin leben. Er muß klagen und lästern wie die Heiden und blinde Menschen ohne Vernunft. Wer es aber erkennt, der erfährt darin Lust, Liebe und Freude." Nach WA 10,2,294,22-25. Dies Erkennen ist ein lebenslanger Lemprozeß: „...es ist eine solche Kunst, die ich noch nicht kann; ich lerne noch immer daran." Nach WA 34 1,22-27.

[214]Bayer, Oswald, Die Ehe zwischen Evangelium und Gesetz, S. 166.

[215]Vgl. Plack, Gesellschaft, S. 140f.: „Mit der Freiheit, eine unerträgliche Ehe zu lösen, wurde die Ehe selber noch um einiges weniger erträglich. Die Forderung der ehelichen Treue ist erst jetzt absolut gesetzt; den „Ehebrecherärwartet die Sanktion der Scheidung... Die Ehe auf Widerruf treibt so erst Neurosen hervor."

„Das säkularisierte Tabu schneidet unmittelbar ins Leben. Einen entschiedenen Atheisten schon hörte ich auftrumpfend sagen, sexuelle Untreue zu verzeihen, das komme für ihn nicht in Frage; das überlasse er den „charakterlosen Christen". Ein wenig mehr von solcher „Charakterlosigkeit", und wir stünden immerhin besser miteinander und zu uns selbst." (ebd. S.141).

[216] Bayer, Ehe, S. 166f. Daß Ehe Mordgedanken züchtet, ist an vielen Stellen der Weltliteratur unvergeßlich beschrieben; z.B. bei Strindberg (u.a. Totentanz, in: Werke Bd. 2, München 1955) oder Ibsen (u.a. Hedda Gabler, Frankfurt a.M. 1965). Vgl. auch Ingmar Bergmanns Film „Szenen einer Ehe"; weiter Stadter, Ernst, Philosophische Aspekte der Partnerbeziehung und der Kommunikationstherapie, in: Mandel, Anita; Mandel, Karl Herbert; Stadter, Ernst; Zimmer, Dirk, Einübung in Partnerschaft durch Kommunikationstherapie und Verhaltenstherapie, München, S. 327-402, 5. Aufl. 1973, S. 354ff.

[217] Walser, Martin, Der Abstecher. Die Zimmerschlacht, Frankfurt (Main), 1967, S. 107 und S. 99.

[218] Bayer, Ehe, S. 167.

[219] Ebd.

[220] WA 34 I,62,14ff. (modemisiert); vgl. auch 34 1,64,1-14.

[221] Bayer, Oswald, Luthers Verständnis der Ehe, in: Freiheit als Antwort. Zur theologischen Ethik, Tübingen, 1995, S. 211-223; Zitat S. 212.

[222] Hier gilt wieder Luthers „extra se".

[223] Vgl. dazu Wannenwetsch, a.a.O. S. 47ff.

[224] Jesus verwendet Mt. 19,9 das Wort πορνεία. Baumert deutet es auf Inzest; Baumert, Norbert, Frau und Mann bei Paulus. Überwindung eines Mißverständnisses, Würzburg, 1991, S. 347. Hier hat Baumert allerdings nicht gesehen, daß Inzest zwar zu den drei Todsünden des Judentums zählt, aber in seiner Bedeutung ausgedehnt wurde auf alle verbotenen sexuellen Handlungen zwischen Menschen, also auch auf jede Art von Mißbrauch der Sexualität und alle Perversionen. Vgl. dazu Moore, George F., Judaism in the First Centuries of the Christian Era. The Age of the Tannaim Bd. I-III, Cambridge, 1927-1930, Bd. II, S. 267.

[225] Dazu Baumert, Ehelosigkeit, S. 88ff. Der Wille zur Scheidung auf Seiten des Ungläubigen ist begründet in der Christus-Beziehung des Ehepartners, der diese nicht erträgt. Bleiben in der Ehe würde angesichts dieser Alternative (Ehe

oder Christus) ein Aufgeben des Glaubens und den Verlust des Heils bedeuten.

[226] WABr 3.443-445; s. Brecht, Martin, Martin Luther - Zweiter Band: Ordnung und Abgrenzung der Reformation 1521-1532, Stuttgart, 1986, S. 274.

[227] Ebd.

[228] Peters, Albrecht, Gesetz und Evangelium, Handbuch Systematischer Theologie, Bd. 2, Gütersloh, 351 S., 1981 (2. Aufl. 1994), S. 342.

[229] WA 32,426,12-19.

[230] Pöhlmann, Ehe, S. 42.

[231] Vgl. Wannenwetsch, Bernd, Die Freiheit der Ehe. Das Zusammenleben von Frau und Mann in der Wahrnehmung evangelischer Ethik, in: Evangelium und Ethik, hrsg. von Hans G. Ulrich und Reinhard Hütter, Neukirchen-Vluyn, 1993, S. 28ff.

[232] ,Ehen ohne Trauschein' erwecken den Eindruck, als sei das Wesen der Ehe gegeben, aber in reinerer Form, weil es des formalen Papiers nicht bedarf. Dasselbe gilt für den Ausdruck ,freie Partnerschaft', in deren Begrifflichkeit als Opposition mitschwingt, daß die Ehe eine unfreie Partnerschaft sei.

[233] Die Bezeichnung ,Konkubinat' wertet die Lebensform unverheirateter Paare bewußt oder unbewußt ab, weil sie aus früheren Epochen eine leicht unmoralische Konnotation mitbringt. Auf Defizite scheinen Bezeichnungen wie ,nichteheliche' oder ,eheähnliche' Verbindungen implizit hinzuweisen.

[234] Bayer, Ehe, S. 176.

[235] Oberman, Luther, S. 288; WA 37.446,1 - 447,4.

[236] Bayer, Zeit zur Antwort, S. 19f. Luther hat im Bekenntnis von 1528 den „gemeinen Orden der christlichen Liebe" den drei „heiligen Orden und rechten Stiften", dem status ecclesiasticus, dem status oeconomicus und dem status politicus hinzugefügt, aber dies nicht additiv, sondern so, daß er die drei prägt (WA 26,505, 11-16). Vgl. dazu Peters, Katechismen Bd.5, 96ff.

[237] 1. Kor. 7,7; vgl. dazu Baumert, Norbert, Ehelosigkeit und Ehe im Herrn. Eine Neuinterpretation von 1. Kor. 7, fzb 47, Würzburg, 1984, S. 59ff.

[238] Nach Stauffer macht Jesus einen vierfachen eschatologisch justierten Vorbehalt geltend, der zum Eheverzicht führt: In Gerichtszeiten (z.B. Zeit der Sintflut) ist Heiraten Zeichen der Blindheit für den Ernst der Situation (Luk. 17,27). Das Heiraten kann die unbedingte Bereitschaft für den Ruf Gottes schuldhaft

lähmen (Luk. 14,20). Es gibt Menschen, deren Aufgabe es ist, um der βασιλεία willen auf die Ehe zu verzichten. In der vollendeten βασιλεία hört die Ehe auf. Diesen vierfachen Vorbehalt nimmt Paulus im 1. Kor. voll auf. Ωgl. ThWb I, S. 648f.

[239]Bayer, Freiheit als Antwort, S. 222f.

[240]Anders orientiert sieht das auch Josuttis, Gottesliebe und Lebenslust, S. 142f. Er weist unter Berufung auf P.M. Zulehner und Karl Rahner auf die Notwendigkeit der mystagogischen Lebensbegleitung der Paare hin (S. 143) und formuliert ausgezeichnet: „Vielmehr will Seelsorge, die sich religiös definiert, die Kraft der Gottesliebe für die Gestaltung von Lebenslust fruchtbar machen. Sie will zwei Menschen in ihrer Partnerschaft dabei unterstützen, den Lebensraum, den das Verbot der Untreue heilsam begrenzt, mit wachsender Liebeskraft zu erfüllen." (S. 142).

Nachweise

Bildnachweise

St. Blandina: www.flickr.com/photos/63223530@N05/6252024907

Ansgar: Arbeitsmodell der Bronzeplastik von Manfred Sihle-Wissel, die in der Anscharkirche Neumünsters steht.

Ingwer Ludwig Nommensen (1834–1918): Archiv- und Museumsstiftung Wuppertal der VEM.

Oskar Brüsewitz: Ausstellungsmaterial einer Brüsewitz-Ausstellung in Zeitz vom 18. August 1996, verantwortlich Dr. Wolfgang Stock. Oskar Brüsewitz: www.heiligenlexikon.de/Fotos/Oskar_Bruesewitz.jpg

Niedersächsischer Meister: Bemalte Flachdecke der Hildesheimer Benediktiner–Klosterkirche St. Michel mit »Wurzel Jesse«, Detail: Adam und Eva (Gen 2–3).

Erstveröffentlichungen

Leben im Kraftfeld des Heiligen Geistes. Unveröffentlichtes überarbeitetes Vortragsmanuskript.

Kennen Sie Blandina. In: Blatt der Kirchlichen Sammlung 33, 2011, S. 2–4.

Ansgar, Erzbischof von Hamburg. In: Blatt der Kirchlichen Sammlung 23. Jg. 2001, S. 3–5.

Zum Beispiel: Ludwig Ingwer Nommensen. In: Blatt der Kirchlichen Sammlung 33, 2011, S. 5–8.

Laßt euch nicht durch mancherlei fremde Lehren verführen...In: Blatt der Kirchlichen Sammlung 37. Jg. 2016, Nr. 2, S. 2-4.

Dorothee Sölle und der verräterische Applaus. In: Deutsches Pfarrerblatt, 2003, Heft 8.

Bärbel Wartenberg-Potter: Bischofsnachfolge in Nordelbien. In: Blatt der Kirchlichen Sammlung 22. Jg. 2000, Nr. 2, S. 6–7.

Menschenversuch. In: Blatt der Kirchlichen Sammlung 2007, Nr. 3, 6-10.

Gottes leibhaftige Liebe. Ehe, Familie und andere Lebensformen. Zuerst veröffentlicht in: Geist und Gemeinde. Beiträge zu Charisma und Theologie, hgg. von Wenzelmann, G. und A. Hamburg 1998, S. 119–162.